달섬 세계고전

19

플라톤: 소크라테스의 변론/크리톤

플라톤

ΠΛΑΤΩΝ: ΑΠΟΛΟΓΙΑ ΣΩΚΡΑΤΟΥΣ/ΚΡΙΤΩΝ

플라톤:
소크라테스의 변론/크리톤

조흥만 옮김

달섬

사랑(erōs) 연구로 이끌어 주셨던
존경하는 나의 故 장욱 선생님께
이 번역서를 바칩니다.

목차

일러두기

1. 『소크라테스의 변론』과 『크리톤』 번역의 기준 판본은 E.A. Duke, W.F. Hicken, W.S.M. Nicoll, D.B. Robinson, J.C.G. Strachan (eds.), *Platonis Opera* (Ⅰ) (O.C.T., 1995)이다.
2. 본 번역문의 좌우에 표시되어 있는 번호와 알파벳 표기(17a, 17b)는 O.C.T. 신판에 언급된 '스테파누스 쪽수(Stephanus pages)'를 가리킨다. 예컨대, 17a에서 17은 스테파누스 판본의 쪽 번호이고 a는 문단 표시이다.
3. 다른 판본과 주석, 그리고 번역서는 다음을 참고했다. Burnet, J. (ed.), *Plato's Euthyphro, Apology of Socrates and Crito*, Oxford Clarendon Press, 1977. 플라톤, 박종현 옮김, 『플라톤의 네 대화편: 에우티프론/소크라테스의 변론/크리톤/파이돈』, 파주: 서광사, 2003. 플라톤, 이기백 옮김, 『크리톤』, 서울: 이제이북스, 2009. 플라톤, 강철웅 옮김, 『소크라테스의 변명』, 서울: 이제이북스, 2014.

ΑΠΟΛΟΓΙΑ ΣΩΚΡΑΤΟΥΣ

『소크라테스의 변론』

Ⅰ. 서막(prooimion, 17a1–18a6)

소크라테스 아테네 사람들이여, 저를 고발한 자들로 인해 여러분께서 어떤 영향을 받으셨는지에 대해 저는 잘 모르겠습니다. 어쨌든 제 입장을 말씀드리자면 저는 제가 누군지조차 잊을 뻔했는데, 그 정도로 이들은 설득력 있게 말했습니다. 그렇지만 그들은 자신들의 말을 통해 단 하나의 진실도 밝히지 않았습니다. 게다가 그들의 갖가지 거짓말 중에서도 한 가지가 저를 가장 놀라게 했는데요, 그건 제가 청산유수처럼 말을 잘하니까 여러분 스스로가 속지 않도록 조심하셔야 한다는 그들의 당부였습니다. 제가 전혀 능란한 연설가가 아니란 사실이야 제 행위에 의해 즉시 논박될 텐데도, 저 사람들이 염치조차 없다는 바로 이것이 가장 파렴치한 점이라고 제가 생각하고 있기 때문입니다. 그것도 진실을 말하는 사람을 일컬어 그들이 능란한 연설가라고 부르지 않는

17a

17b

다면 말입니다. 그들이 이걸 말하는 거라면, 그들의 방식을 따라서는 아니지만 저는 제가 연설가라는 데에 동의할 겁니다. 제가 말씀드리고 있듯이, 그들은 진실이라곤 거의 내지 하나도 말하지 않았습니다. 반면에 여러분은 저에게서 모든 진실을 듣게 되실 겁니다. 아테네 사람들이여, 제우스에 맹세코, 여러분은 그들의
17c 주장처럼 구절과 낱말들로 윤색되거나 정렬된 말들 대신에 우연히 떠오른 낱말들을 활용해 되는 대로 말해진 이야기를 듣게 되실 겁니다. 저는 제 주장이 정의롭다고 믿기 때문에, 여러분 가운데 어떤 분이 됐든 어떤 다른 것은 기대하지 말아 주십시오. 여러분, 여러분 면전에서 제가 이 나이에 철부지처럼 말장난이나 하는 것은 분명 어울리지 않는 일일 테니까요. 그러니 아테네 사람들이여, 저는 여러분께 다음을 진심으로 부탁드리고 간청합니다. 여러분 중 상당수가 시장에 있는 환전상의 좌판이나 그 밖의 다른 곳에서 제가 하는 얘기를 들으셨을 텐데요, 말하는 방식과 관련하여 저의 습관으로 굳어진 동일한 말들로 변론하는 것을 듣
17d 게 되신다고 해도, 그 때문에 놀라거나 훼방을 놓지는 말아 주십시오. 제 처지가 그렇습니다. 지금 저는 칠순의 나이에 처음으로 법정에 올라섰습니다. 이곳에서 말하는 방식에 저는 조금도 익숙하지가 않습니다. 만일에 실제로 제가 외국인이었다면, 여러분은
18a 제가 양육됐던 지역어와 그와 같은 방식으로 말하더라도 분명히 저를 너그럽게 봐주셨을 겁니다. 지금 여러분을 향한 제 요구 역

시 저에게는 모종의 정의와도 같다고 생각합니다. 어쩌면 더 나쁠 수도 있고 더 좋을 수도 있으니 여러분은 제가 말하는 방식과 관련해서는 일말의 관심도 갖지 마시고, 다만 제가 피력하는 주장이 정의로운지만을 자세히 검토하고 오롯이 그것에 주의를 기울여 주십시오. 재판관의 덕은 이 일에 있고, 연설가의 덕은 진실을 말하는 데 있으니까요.

II. 공식 변론(prothesis, 18a7–19a7)

그러니 아테네 사람들이여, 우선은 저에 대한 첫 번째 거짓 고발들과 최초의 고발자들에 대해, 그런 다음 나중 고발들과 나중 고발자들에 대해 변론하는 것이 제게는 정의에 부합해 보입니다.
예전부터 이미 수년간 저에 대한 다수의 고발자들이 여러분 앞에 18b
있어 왔는데, 그야말로 진실이라고는 단 한마디도 하지 않으면서 말이죠. 아뉘토스와 그의 친구들보다도 사실 저는 그들을 더 두려워하고 있습니다. 물론 이들도 두렵기야 마찬가지죠. 하지만 여러분, 저는 저들이 더 무서운데, 그들은 어릴 적부터 여러분 다수를 옆에 붙들어 놓고 설득을 했고, 그것도 진실이라곤 한마디도 하지 않으면서 저를 고발했습니다. 그건 소크라테스라는 어떤 지혜로운 자가 있어서, 하늘에 있는 것들의 사색가일 뿐만 아니라 땅 아래 있는 것들까지 전부 조사했고, 더 약한 진술을 더 강

18c 하게 만드는 자라는 내용이었습니다. 아테네 사람들이여, 이 소
문을 유포시켰던 이들이야말로 저에 대한 무서운 고발자들입니
다. 듣는 사람들은 이런 것들을 탐구하는 자들이 신들조차 숭배
하지 않는다고 생각하니까요. 또한 이 고발자들은 다수이고, 이
미 오랜 시간에 걸쳐 고발을 해 왔는데, 더욱이 여러분이 그들을
가장 쉽게 믿을 나이에, 즉 일부는 어린아이였고 일부는 청년이
었을 여러분에게 말을 했고, 단 한 명의 변론하는 사람도 없이 순
전히 궐석재판으로 고발을 했던 겁니다. 무엇보다도 가장 불합
18d 리한 것은 그들 가운데 한 사람이 희극 작가라는 걸 제외하면 그
들의 이름조차 알 수도 말할 수도 없다는 것이죠. 시샘과 중상으
로 여러분을 설득했던 이들과 여기에 더해 그들 자신을 설득한
후 다른 이들을 설득했던 사람들까지, 이들 전부가 실로 대처하
기 가장 힘든 사람들입니다. 그들 가운데 어느 누구도 이리로 올
라오게 할 수가 없고 논박할 수도 없으니까요. 오히려 순전히 상
상 속 적들과 실연이라도 하는 것처럼 변론하고, 아무도 대답하
지 않는 데서 논박해야만 합니다. 제가 주장하는 것처럼, 여러분
18e 도 저에 대한 고발자가 두 부류이고 하나는 최근에 저를 고발했
던 사람들이고 또 다른 하나가 제가 말한 오래된 자들임을 인정
해 주십시오. 그리고 우선은 제가 후자에 대해 변론해야 한다고
생각해 주십시오. 그들이 고발하는 걸 여러분께서 먼저 들으셨
고, 그것도 여기 나중 사람들의 고발보다 훨씬 더 많이 들으셨으

니까요. 좋습니다. 아테네 사람들이여, 저는 변론을 해야 하고, 19a
여러분이 오랜 기간 갖고 계셨던 비방을 이토록 짧은 시간 안에 여러분한테서 떨쳐내려 분연해야 합니다. 이 과업이 여러분과 제게 더 좋은 어떤 일이라면 그렇게 되기를, 그리고 변론하면서 제가 더욱 큰 어떤 일을 성취하게 되기를 염원하고 있습니다. 물론 저는 그 일이 어렵다고 생각하지만, 그렇다고 그 일이 어떤 건지를 제가 전혀 알지 못하는 것도 아닙니다. 하지만 그 일일랑은 신의 마음에 드는 쪽으로 진행되게 맡겨 두고, 저는 법에 복종하여 변론에 임하도록 하겠습니다.

Ⅲ. 소크라테스의 변론(19a8–28a1)

ⅰ. 최초 고발자들에 대한 변론(19a8–24b2)

그럼 우선 그것으로부터 저에 대한 비방이 생겨났고, 멜레토스
가 저를 기소했을 때 믿고 있던 그 고발의 실체를 밝히는 일에 착 19b
수해 봅시다. 좋습니다. 비방하는 자들이 무엇을 주장하며 비방을 했나요? 마치 그들이 고발자인 것처럼, 저는 그들의 고발장을 읽고자 합니다. "소크라테스는 땅 아래의 것들과 하늘의 것들을 탐구하고, 더 약한 논변을 더 강하게 만들고, 이와 동일한 것들을 다른 사람들에게 가르치는 데서 불의를 저지르고 쓸데없는 짓을
하고 있다." 그것은 어떤 이런 유의 내용입니다. 여러분도 이 내 19c

용을 아리스토파네스의 희극에서 보셨을 텐데요, 거기에는 해먹
을 탄 소크라테스라는 어떤 사람이 등장하고, 그가 공기 위를 걷
는다고 말하는데, 제가 전혀 모르는 것들에 대해 크든 작든 많은
허튼소리를 하면서 말이죠. 누구라도 이와 같은 것들과 관련하여
지혜롭다면, 저는 이러한 지식을 결코 멸시하듯 말하진 않을 겁
니다. 어떤 방식이 됐든 저는 멜레토스가 제기한 그 같은 대단한
송사를 피할 수 있기만을 바라고 있습니다. 아테네 사람들이여,
19d 사실상 저는 결코 그 일들에 관여하고 있지 않습니다. 저는 여러
분 가운데 다수를 증인으로 내세울 것인데, 적어도 여러분 가운
데서 제가 대화하는 것을 들었던 분들 전부가 상호 간에 가르쳐
주고 알려 주시는 게 적절하니까요. 여러분 중에는 이런 분들이
많이 있습니다. 여러분 가운데 누구라도 제가 이 일들에 관해 짧
게든 길게든 대화하는 걸 들으신 적이 있는지를 각자에게 알려
주십시오. 그렇게 되면 이것으로 여러분은 저에 대해 많은 사람
들이 얘기하는 다른 것들 역시 차이가 없다는 사실을 깨닫게 되
실 겁니다.

하지만 실은 이것들 중 어떤 것도 진실이 아닙니다. 여러분께
서 제가 사람들을 가르치는 일에 나서서 돈을 받는다고 누군가
19e 에게 들으셨다면, 그것 또한 진실이 아닙니다. 그러나 레온티니
의 고르기아스, 케오스의 프로디코스, 엘리스의 히피아스처럼,
누군가가 사람들을 교육할 수 있다면, 제게 이것은 멋진 일로 생

각됩니다. 여러분, 이들은 각자 도시-국가들로 가서 젊은이들을 설득할 수 있습니다. 그곳 젊은이들은 자신의 시민들 가운데서 자기들이 원하는 누구와도 공짜로 교제를 할 수 있는데도, 이 20a
들은 젊은이들로 하여금 저들과의 교제를 그만두고 자기들과 교제하면서 돈을 지불하고 감사까지 표하도록 설득합니다. 듣기로는 이곳에도 이 지역을 방문 중이라는 파로스 출신의 또 다른 지혜로운 자가 있습니다. 운이 좋게도, 다른 사람 모두가 지불한 것보다 더 많은 돈을 소피스트들에게 지불한 사람을 만났는데, 그 사람은 히포니코스의 아들 칼리아스입니다. 그래서 저는 이 사람에게 물어 봤습니다. 그에게 아들 둘이 있어서죠. 제가 말하
기를, "칼리아스, 당신 아들들이 망아지나 송아지였다면, 우리는 20b
그들에게 적합한 덕과 관련하여 그들을 고귀하고 선량하게 만들어 줄 감독관을 수소문하여 고용할 수 있을 겁니다. 아마도 그는 말 조련사나 농부일 테죠. 그런데 지금 그들은 인간이고, 따라서 당신은 그들에게 어떤 감독관을 선택해 줄 작정인가요? 누가 이런 덕, 즉 인간적이고 시민적인 덕에 정통한가요? 당신에겐 아들들이 있고 이 때문에 저는 당신이 심사숙고해 보았을 거라고 생각하고 있습니다. 누가 있습니까, 아니면 없나요?"라고 했습니다. "틀림없이 있습니다." 그가 대답했습니다. "누구이고, 어디 출신이며, 얼마에 가르치나요?" 하고 제가 물었습니다. "에우에노스입니다, 소크라테스. 파로스 출신이고 5므나입니다." 그가

20c 대답했습니다. 그가 참으로 그 기술을 갖고 있고 그 정도의 적정 비용에 가르친다면야 에우에노스는 축복받은 거라고 생각했습니다. 제가 이것들을 알고 있다면, 저 스스로가 자부심과 긍지를 가졌을 테니까요. 하지만 아테네 사람들이여, 저는 정말 모르고 있습니다.

어쩌면 여러분 가운데 누군가가 다음과 같이 반박을 할 수도 있을 겁니다. "하지만 소크라테스, 당신이 한 일은 뭔가요? 당신을 향한 이 비방들은 어디서 비롯된 겁니까? 당신이 다른 사람과 비교해서 좀 더 특이한 일이라곤 전혀 하지도 않았고, 많은 사람에 비해 어떤 남다른 일을 행하지도 않았다면, 이런 소문과 말
20d 이 생기지 않았을 테니 하는 얘기입니다. 그러니 당신에 관해 성급한 판단을 내리지 않게 그것이 뭔지 우리에게 설명해 주세요." 하고 말이죠. 저는 이런 말을 하는 사람이 정의롭다고 생각하며, 제게 이 이름과 비방을 만들어 낸 것이 도대체 무엇인지를 저 역시 여러분에게 증명하려 분발하겠습니다. 자, 그러면 들어 보시지요. 아마도 여러분 가운데 일부는 제가 농담을 하고 있다고 생각하실 테지만, 여러분에게 말씀드리려는 것이 전적으로 진실이라는 걸 유념하여 주십시오. 아테네 사람들이여, 제가 이 이름을 얻게 된 까닭은 다름 아닌 어떤 지혜로 인해섭니다. 이게 어떤 지혜냐고요? 어쩌면 인간적인 지혜와 마찬가지일 겁니다. 이
20e 지혜에 관해서라면 저는 참으로 지혜로운 것 같거든요. 제가 방

금 언급한 이 사람들은 아마도 인간적인 것보다 더 위대한 어떤 지혜와 관련해서 지혜로운 것 같은데요, 그게 아니라면 뭐라 말할 수 있을지 저로서는 모르겠군요. 저야말로 그걸 모르고 있는 관계로 제가 알고 있다고 주장하는 사람들은 하나같이 거짓말을 하고 있는 것이고 저를 비방하려 드는 것이니까요. 그건 그렇고, 아테네 사람들이여, 제가 여러분께 뭔가 큰소리를 치고 있다는 생각이 드시더라도 크게 떠들지는 말아 주십시오. 제가 말하려는 이야기는 제 것이 아니고 그 이야기를 말한 것으로 제가 언급할 분은 여러분께서 신뢰할 만한 분입니다. 저의 지혜에 관한, 그게 정말 일종의 지혜인지 그리고 어떤 종류인지에 대해 저는 델피에 있는 신을 여러분께 증인으로 내세우게 될 겁니다. 아무튼 아마도 여러분은 카이레폰을 아실 겁니다. 이 사람은 젊어 21a
서부터 제 동지였고, 여러분 민주파의 동지이기도 했으며, 최근의 추방을 여러분과 함께 당했고 여러분과 같이 귀환했으니까요. 게다가 여러분은 카이레폰이 어떤 사람이었는지도 아실 텐데요, 착수한 과업에 그가 얼마나 열정적이었는지 말입니다. 그는 한때 델피로 가서 대담하게도 다음과 같이 신탁에 물었습니다. 여러분, 제가 말씀드렸듯이 소란을 일으키지 말아 주십시오. 그는 저보다 더 지혜로운 사람이 있는지 물었죠. 퀴티아는 저보다 더 지혜로운 사람이 아무도 없다고 대답했습니다. 이 말에 대해서는, 여기 참석한 그의 형제가 여러분에게 증인이 될 텐데요,

그 사람이 고인故人이 됐기 때문입니다.

21b 그럼 제가 무엇 때문에 이런 주장을 펼치는지 곰곰이 생각해 주십시오. 저를 표적으로 삼은 비방이 어디서 생겨났는지 주저 없이 여러분께 가르쳐 드릴 테니까요. 그 말을 듣고 저는 내심 이렇게 생각했습니다. "도대체 신은 무엇을 말씀하고 계시며, 그분의 이 수수께끼는 도대체 무슨 뜻일까? 나 자신에 관해서라면 크든 작든 전혀 지혜롭지 않다는 것을 알고 있으니 말야. 그렇다면 신은 내가 가장 지혜롭다고 확언하심으로써 도대체 무슨 말씀을 하시려는 걸까? 그분이야 절대 거짓말을 하지 않으시니까. 그분에게 그건 어불성설이지." 그래서 저는 도대체 그분이 무얼 말씀하시는지를 두고 장시간에 걸쳐 무진 애를 썼습니다. 그런 뒤 아주 마지못해서 다음과 같이 그걸 검토하는 쪽으로 가닥을 잡았죠. 저는 지혜롭다는 평판을 지닌 사람들 중 누군가를 찾아갔습

21c 니다. 그곳이 어디든 간에 그럴 수만 있다면, 그곳에서 저는 신탁을 논박하고 그 수수께끼 같은 응답을 향해 다음과 같이 표명하리라 생각하면서 말입니다. "여기 이 사람이 저보다 훨씬 지혜로운데, 당신께서는 제가 더 지혜롭다고 말씀하셨습니다."라고요. 그래서 그 사람을 자세히 조사했죠. 제가 굳이 이름까지 거론할 필요야 없겠습니다만, 그는 정치인들 가운데 한 사람이었습니다. 아테네 사람들이여, 저는 그에게서 이런 일을 겪었습니다. 그와 대화를 나누는 과정에서 이 사람은 다른 많은 사람들한테 지혜롭

다고 여겨지고 특히 자기 자신도 그렇다고 생각하지만 어쨌든 제게는 그가 지혜롭다고 생각되지 않았다는 겁니다. 그 후 저는 그가 스스로를 지혜롭다고 생각하지만 실상은 지혜롭지 않다는 걸 그에게 증명하려 했죠. 그 때문에 이 사람과 참석자 중 많은 이에 21d
게 저는 미움을 받게 됐습니다. 그렇지만 어쨌든 저는 그 자리에서 물러나면서 저에 관해 다음과 같은 추론을 했죠. "이 사람보다 내가 더 지혜롭다. 그야 우리 둘 중 누구도 아름답고 훌륭한 어떤 것도 알지 못하는 것 같은데도, 이 사람은 아무 것도 알지 못하면서 안다고 생각하는 반면에, 나는 알지 못할 때 실제로도 안다고 생각하지 않으니까. 여하튼 나는 내가 알지 못하는 것을 내가 안다고 생각하지 않는다는 이 작은 것 하나에 있어서만큼은 최소한 이 사람보다 훨씬 지혜로운 것 같다."라고 말입니다. 그 일을 계기로 저는 그 사람보다 더 지혜롭다고 생각되는 사람들 중에서 다른 이들도 찾아 갔는데, 제게는 그 일들 역시 같은 걸로 판 21e
단됐습니다. 그 즉시 저는 그 사람은 물론이고 다른 많은 이들에게도 미움을 받게 됐지만 말입니다. 그 후로도 지속적으로 연이어 찾아다녔습니다. 제가 미움을 받고 있단 걸 깨닫고 슬프고 또 무서웠지만, 그렇더라도 신의 일이 기필코 가장 중요하게 여겨져야 한다는 일념뿐이었습니다. 게다가 저는 그 일이 무엇을 말하는지 신탁의 응답을 검토하고 있었기 때문에 뭐든 안다고 생각하는 이라면 누구에게라도 가야만 했습니다. 그리고 개에 맹세코,

22a 아테네 사람들이여, 여러분께 진실을 말해야 하니까 드리는 말
씀입니다. 참으로 저는 다음과 같은 일을 겪었습니다. 신의 뜻을
좇아 조사할 때 사실상 가장 명망 있는 사람들이 제게는 거의 가
장 모자란 자들로 생각되었고, 반면에 한층 비천하다고 여겨지는
다른 이들이 분별력과 관련해 더 나은 이들로 여겨졌다는 겁니
다. 그 신탁이 결코 논박될 수 없는 것이 되게 할 목적으로, 어떤
고된 일을 수행하듯, 여러분한테 저의 편력에 관해 입증해 보이
죠. 정치인들 다음으로 저는 시인들에게, 즉 비극 시인과 디튀람
22b 보스 시인 그리고 그 외 다른 시인에게로 향했습니다. 거기서 제
자신이 그들보다 더 무지하단 걸 현장에서 목격하고야 말겠다는
게 제 생각이었죠. 그래서 그들이 가장 공들여 지은 것으로 생각
되는 시를 채택한 후 무얼 말하려는 것인지 물었습니다. 이는 동
시에 그들에게서 뭔가를 배울 수 있기 위해서였죠. 그런데 여러
분, 여러분에게 진실을 말씀드리기가 부끄럽네요. 그럼에도 불구
하고 말씀드려야만 하겠습니다. 하기야 그들 자신이 창작한 것들
과 관련해서 참석하신 거의 모든 분들이 그들보다 더 잘 설명할
수 있었을 테니까요. 시인들에 관해 제가 다음과 같은 사실을 알
22c 게 되는 데는 그리 오래 걸리지도 않았거든요. 그들은 자신들이
창작하는 시들을, 지혜에 의해서가 아니라 예언자와 신탁 전달자
처럼 본성에 의해 그리고 신이 임재하여 창작한단 걸 말입니다.
이들 역시 많은 아름다운 것들을 말하지만, 정작 자신들이 말하

는 것들 가운데서 아무것도 알지 못하더군요. 시인들 또한 이와 같은 어떤 상태에 처해 있다는 것이 제겐 분명해 보였습니다. 아울러서 저는 시작술詩作術로 인해 그들이 지혜롭지 않은 다른 것들에 대해서도 인간들 중 가장 지혜롭다고 생각한다는 것을 알게 되었습니다. 그래서 저는 그곳에서 떠나면서, 정치인들보다 뛰어났던 것과 똑같은 바로 그 점에서 제가 이들보다 뛰어난 거라고 생각했습니다.

그런 뒤 마지막으로 저는 수세공 업자들에게 갔습니다. 말하자 22d
면, 저 자신이 사실상 아는 게 전혀 없다는 것을 알고 있었지만, 적어도 이들이 많은 훌륭한 것들을 알고 있다는 것을 제가 발견하게 되리라는 걸 알고 있었거든요. 그리고 이 점에서 저는 속임을 당하지 않았습니다. 그들은 제가 알지 못하는 것들을 알고 있었고, 그 점에 있어 저보다도 그들이 더 지혜로웠으니까요. 그러나 아테네 사람들이여, 훌륭한 장인匠人들 역시 제 생각에는 시인들과 같은 잘못을 저지르고 있었습니다. 그들은 제각각 본인의 기술을 멋지게 완성해 내기 때문에 가장 중대한 다른 것들에 있어서도 자신들이야말로 가장 지혜롭다고 생각하고 있었으니까요. 제가 보기에 그들의 이 실수는 앞선 지혜를 상쇄시키고 말았습니다. 그래서 그 신탁을 대신해서 제가 저 스스로에게 묻게 됐
던 겁니다. 저의 현재 상태처럼, 저들의 지혜에 있어 전혀 지혜롭 22e
지도 않고 저들의 무지와 관련하여 전혀 무지하지도 않은 지금

이대로를 선택할 것인지, 아니면 저들이 처해 있는 둘 다를 갖기를 선택할 것인지 말입니다. 그리곤 저 스스로와 신탁에게 저의 현 상태가 이익이라고 대답했습니다.

아테네 사람들이여, 바로 이 조사 행위로부터 저에 대한 적잖
23a 은 적의가 생겨났고, 적의들 또한 힘겹고 비통한 것들이어서 많은 비방이 그것들로부터 발생했고, 급기야 이 이름, 즉 '지혜롭다'고 불리게 된 겁니다. 참석자들은 다른 사람을 논박한 주제들 각각에 대해 제가 지혜롭다고 생각합니다. 그러나 어쩌면 여러분, 말이야 바른 말이지만 신이 참으로 지혜롭고 신탁을 통해 이 점, 즉 인간적인 지혜는 거의 또는 전혀 가치가 없단 걸 입증하려던 것 같습니다. 그분은 소크라테스가 이런 사람이라고 말씀하시면서, 저를 본보기로 삼아서는 제 이름을 그냥 덧붙이신 것 같거든
23b 요. 마치 "인간들이여, 지혜와 관련하여 그대들 가운데 누구라도 소크라테스처럼 자신이 참으로 아무런 가치가 없다는 것을 아는 사람이 가장 지혜로운 것이다."라고 말씀하시려는 것처럼 말이죠. 그래서 아직도 제가 이곳저곳을 배회하며 신의 뜻을 좇아 사람들을 찾아다니며 조사합니다. 시민들 중에서 그리고 이방인들 중에서도 제가 지혜롭다고 생각하는 사람이면 누구에게나 말이죠. 그리고 제게 지혜롭다고 생각되지 않을 때는, 신을 보조하여 그 사람이 지혜롭지 않다는 점을 지적해 줍니다. 바로 이런 일 때문에 논의할 가치가 있는 일들, 즉 도시-국가의 일이든 가정의

일이든 그 일들을 할 여가가 제겐 없었고, 오히려 신에 대한 봉사로 인해 저는 극심한 가난 속에서 허덕이고 있는 실정입니다. 23c

나아가 가장 여가가 있는 젊은이들, 가장 부유한 자들의 아들들이 자발적으로 저를 따라다니면서 사람들이 조사받는 것을 들으며 기뻐하기까지 합니다. 그리고 그들 스스로가 여러 차례 저를 모방하여, 이내 다른 이들을 조사하려 나선 겁니다. 그러다가 제 생각에는, 뭔가 안다고 생각하지만 거의 또는 전혀 알지 못하는 자들이 사람들 가운데 많을 뿐만 아니라 넘쳐나기도 한다는 것을 그들이 깨닫게 되는 것이죠. 그런데 결과적으로 그들의 조사 대상들은 자기 자신들이 아니라 정작 저한테 화를 내고, 어떤
소크라테스라는 가장 혐오스런 자가 있어서 그가 젊은이들을 완 23d
전히 망치고 있노라고 주장합니다. 그런데 그들에게 누군가가 그가 무슨 일을 하고 무엇을 가르치면서 그러는지를 묻는다면, 그들은 전혀 할 말도 없고 알지도 못하지만, 어찌할 바를 모르는 것으로 보일까 봐 지혜를 사랑하는 사람 전부를 거슬러서 손쉽게 써먹을 수 있는 이런 종류의 말들을 합니다. "천상의 것들과 땅 아래의 것들", "신들을 믿지 않는다.", "더 약한 진술을 더 강한 것으로 만든다."라고 말이죠. 제 생각에 그들은 진실은 말하고 싶지 않을 겁니다. 그들이 짐짓 아는 척은 하지만 실은 자신들이 전
혀 알지 못한다는 게 분명해진다는 것 말이죠. 그러니까 제가 생 23e
각하기에는 그들이 명예를 욕망하고 맹렬한데다 다수이기 때문

에, 저에 대해 조직적이고도 설득력 있는 논변을 펼치고 있어서, 오래전부터 격한 비방이 여러분 귀를 가득 채웠던 겁니다. 이 주장들을 빌미로 멜레토스와 아뉘토스 그리고 뤼콘이 저를 공격했는데, 멜레토스는 화가 난 나머지 시인들을 변호해서, 그리고 아
24a 뉘토스는 장인들과 정치인들을 변호해서, 더욱이 뤼콘은 연설가들을 변호해서 공격했던 겁니다. 그러니 제가 서두에 말했던 것처럼 놀랍도록 커져 버린 이 비방을 이토록 짧은 시간 안에 여러분에게서 제거할 수 있다면야 그야말로 제게는 경이로운 일일 겁니다. 아테네 사람들이여, 이 주장들이 여러분을 위한 진실이고, 저는 여러분께 크든 작든 숨기거나 위선을 떨며 이야기하고 있지도 않습니다. 하지만 이런 일들로 인해 미움을 받고 있다는 걸 저는 익히 잘 알고 있지요. 또한 그건 제가 진실을 말하고 있음을 나타내는 것입니다. 이상이 저에 대한 비방이고, 원인이 이런 것들이란 증거이기도 합니다. 지금이든 나중에라도 여러분이 이 사
24b 안들을 조사해 보신다면, 여러분은 그것들이 사실이라는 걸 알게 되실 겁니다.

ii. 멜레토스와 대립하는 소크라테스의 변론(24b3-c8)

이제 저에 대해 최초의 고발자들이 고발했던 내용과 관련하여 여러분을 향한 변론은 이만하면 충분합니다. 이 다음으로 스스로 덕이 있다고 말할 뿐 아니라 애국자이기도 한 멜레토스와 나중의

고발자들과 관련하여 변론해 보겠습니다. 그럼 이들이 또 다른 고발자들인 것처럼 새로 이들의 고발장을 다뤄 봅시다. 그건 대체로 다음과 같습니다. "소크라테스는 젊은이들을 완전히 망치고 있고 도시-국가가 믿는 신들을 믿지 않고 다른 새로운 신령한 것들을 믿으면서 불의를 행한다."라고 주장합니다. 그러니까 24c
고발 내용은 그와 유사합니다. 그럼 고발 항목 각각을 하나씩 조사해 봅시다. 그는 제가 젊은이들을 완전히 망쳐서 불의를 행하고 있다고 주장합니다. 하지만 아테네 사람들이여, 저는 멜레토스가 불의를 행하고 있다고 오히려 반박합니다. 그가 진지한 문제들을 농담처럼 취급한다는 점에서 그런데요, 사람들을 무모하게 법정에 데려오고, 도대체 결코 관심조차 가져 본 적이 없는 일들에 관해 진지한 척 마음을 쓰는 척하면서 말이죠. 이게 실제로 그렇다는 걸 여러분께 증명해 드리겠습니다.

iii. 멜레토스에 대한 소크라테스의 반대 신문(24c9-28a1)

'그러면 자, 멜레토스, 내게 대답해 주게나. 자네는 젊은이들이 최 24d
대한 가장 훌륭하게 되는 걸 가장 중요하게 생각하고 있지?'

'적어도 저야 그렇죠.'

'자, 그럼 계속해서 이분들께 말해 보게, 누가 그들을 더 훌륭하게 만드나? 자네의 관심 분야이니 자네는 알고 있을 게 분명하니까 말일세. 자네가 주장하듯이, 자네는 그들을 완전히 망치는 자로 나를 특정하고는 이분들 앞으로 데려와 고발하고 있기 때문이라네. 그러면 실제로 더 훌륭하게 만드는 사람이 누군지 단도직입적으로 밝히고 그래서 그분이 누군지를 이분들에게 알려 주게. 멜레토스, 자네가 침묵하고 아무 말도 할 수 없다는 것쯤은 알고 있나? 그럼에도 자네에겐 이게 부끄러운 일로 생각되지도 않고? 그것도 바로 내가 주장하는 그것, 즉 자네가 관심조차 가져 본 적이 없다는 사실에 대한 충분한 증명이라고 생각되지 않느냐 말일세? 하지만 선량한 사람, 말해 보게나. 누가 그들을 더 훌륭하게 만드나?'

24e '법들입니다.'

'하지만 나는 그걸 묻고 있는 게 아닐세, 가장 선량한 사람. 어떤 인간이냐는 것이라네. 우선 바로 이것, 즉 법들을 아는 게 누구냐는 것이지.'

'이분들, 재판관들입니다, 소크라테스.'

'멜레토스, 자네는 무슨 말을 하고 있는 건가? 이분들이 젊은이들을 교육해서 젊은이들을 더 훌륭하게 만들 수 있다는 건가?'

'물론입니다.'

'이분들 전부인가, 아니면 이분들 중 일부는 그렇지만, 다른 분들은 안 그렇다는 건가?'

'전부가 그렇습니다.'

'참으로 헤라에게 맹세코, 자네는 훌륭하게 말했네. 이득을 주는 이들이 많을 뿐만 아니라 넘쳐나기도 한다니 하는 말이네. 그러면 이건 어떤가? 여기 방청객들께서는 젊은이들을 더 훌륭하 25a
게 만드시나, 아니면 못 만드시나?'

'이분들도 그렇습니다.'

'그럼 평의회 의원들께선 어떠신가?'

'평의회 의원들께서도 그렇습니다.'

'그러면 멜레토스, 민회에 속한 사람들, 즉 민회의 구성원들께서 젊은이들을 완전히 망치고 있는 것은 아닐까? 아니면 그분들 전부가 그들을 더 훌륭하게 만드시는 건가?'

'그분들께서도 젊은이들을 더 훌륭하게 만드시죠.'

'그렇다면 나를 제외한 아테네인 전부가 젊은이들을 고귀하고 좋게 만들지만, 유독 나 혼자만 그들을 완전히 망치고 있는 것 같네그려. 자넨 이런 말을 하고 있는 건가?'

'제가 그걸 아주 강력하게 주장하고 있는 겁니다.'

'어쨌든 자네가 보는 대로라면, 나는 큰 불운에 처했군그래. 그런데 내게 대답해 주게. 자네는 말(馬)들에 관해서도 그렇다고 생
각하나? 인간들 전부가 그것들을 더 좋게 만드는 반면에, 완전히 25b
망치는 사람은 어떤 한 사람인가? 아니면 이와는 정반대로, 더 좋게 만들 수 있는 사람은 어떤 한 사람이거나 아주 소수, 즉 말 조련사들이고, 다른 한편으로 다수가 말들과 함께 있으면서 말들을 이용하는 경우라면, 말들을 완전히 망치고 있는 건가? 말들뿐 아

니라 다른 모든 동물의 경우에도 후자가 아닐까, 멜레토스? 전적
으로 분명하지, 자네와 아뉘토스가 아니라고 말하든 그렇다고 말
하든 간에 말이네. 젊은이들과 관련하여 오직 한 사람만이 그들
을 완전히 망치고, 반면에 나머지 사람들은 이득을 준다면, 그야
25c 매우 행복한 상태겠지. 하지만 멜레토스, 자넨 말이야 젊은이들
에 대해 전혀 주의를 기울인 적이 없다는 걸 입증하고 있고, 자네
의 무관심, 즉 나를 법정으로 데려온 그 사안들에 전혀 관심을 가
져 본 적도 없다는 것을 분명하게 보여 주고 있다네.

그래도 아직은 멜레토스, 제우스 앞에서 우리에게 말해 보게. 쓸모 있는 시민들 가운데 사는 것이 더 좋은가, 아니면 사악한 시민들 속에 사는 게 더 좋은가? 친애하는 선생, 대답해 보게. 자네도 알다시피 하나도 어렵지 않은 것을 내가 묻고 있으니까 하는 말일세. 사악한 사람은 자기와 가장 가까이 있는 사람들에게 항상 뭔가 나쁜 일을 행하고, 반면에 훌륭한 사람은 뭔가 좋은 일을 행하지 않나?'

'전적으로 그렇습니다.'

25d '그렇다면 함께 있는 사람들한테서 이득을 얻기보다 오히려 해
를 입기를 바라는 사람이 있을까? 이보게, 선량한 사람, 대답해
보게나. 법까지도 대답하기를 명령한다네. 해를 입기를 바라는
사람이 있느냐고?'

'확실히 없습니다.'

'그렇다면, 젊은이들을 완전히 망치고 더 사악하게 만든다는 이유에서 나를 여기 법정으로 데려올 때 자네는 내가 자발적으로 그런다는 건가 아니면 비자발적으로 그런다는 건가?'

'저야 자발적으로 그렇게 하신다는 거죠.'

'무슨 말을 하는 건가, 멜레토스? 그 나이의 자네가 이 나이의
나보다 놀랍도록 훨씬 지혜로워서, 나쁜 사람들이 항상 자기들 25e
과 가장 이웃한 사람들에게 나쁜 짓을 행하고, 좋은 사람들은 좋은 일을 한다는 걸 자네는 알고 있고, 반면에 함께 있는 사람들 가운데서 누군가를 무도하게 만들면 그에게서 뭔가 나쁜 일을 당할 위험에 처하게 되리라는 것을 모를 정도로 내가 무지한 상태에 이르렀다는 거고, 그래서 자네 말마따나 이렇게나 나쁜 일을 내가 자발적으로 행하고 있다는 건가? 멜레토스, 이 사안에 있어서는 난 자네를 믿지 않는다네. 게다가 나로서는 인간들 가운데
다른 어느 누구도 믿지 않을 거라고 생각한다네. 오히려 나는 완 26a
전히 망치고 있지 않거나 아니면 비자발적으로 완전히 망치고 있어서 두 가지 모두에서 자넨 거짓말을 하고 있는 거라네. 하기야 내가 비자발적으로 완전히 망치고 있는 거라면, 법은 그런 비자발적인 잘못들을 여기 법정으로 데려오는 게 아니라 개인적으로 붙들고서 가르치고 타이르라고 말한다네. 내가 가르침을 받았다면, 어쨌든 자발적으로 하는 일만은 그만둘 게 분명하니 말일세. 그런데 자네는 나와 함께하면서도 가르치는 일을 회피할 뿐 아니

라 가르치려고 하지도 않으면서 여기 법정으로 데려왔지. 배움이 아니라 처벌이 필요한 사람들을 이곳으로 데려오는 게 법인데 말야.'

하지만 아테네 사람들이여, 이것만은 이미 분명해졌습니다. 제
26b 가 주장했던 대로, 크든 작든 멜레토스가 이런 일들에 도대체 관심이란 걸 가져 본 적이 없다는 것 말입니다. '그럼에도 불구하고, 멜레토스, 우리에게 말해 보게. 자네는 내가 젊은이들을 어떻게 완전히 망치고 있다고 말하는 건가? 그러니까 자네가 썼던 고발장에서처럼 도시-국가가 믿는 신들을 믿지 말고 다른 새로운 신령한 것들을 믿으라고 가르침으로써 완전히 망치고 있다는 게 틀림없이 분명한 건가? 자네는 내가 이것을 가르쳐서 완전히 망치고 있다고 말하는 건가?'

'제가 그걸 아주 강력하게 옹호하고 있는 겁니다.'

26c '그러면 멜레토스, 지금 논의의 대상인 바로 이 신들의 견지에서 나와 여기 이분들에게 좀 더 분명하게 대답해 주게. 내가 배울 능력이 없어서라네. 어떤 신들이 있다는 것을 내가 믿으라고 가르치고, 그런 면에서 나 자신도 신들이 있다고 믿는 것이니 무신론자는 결코 아니고, 바로 이 점에서 나는 불의를 행하고 있지 않지. 그런데 이 도시-국가가 믿는 바로 그 신들이 아니라 다른 신들이라고 자네가 말하고 있는 것인지, 그래서 다른 신들이라는 것이 자네가 나를 기소하는 점인지, 아니면 나 자신이 전혀 신들

을 믿지 않고 다른 사람들에게도 그걸 가르친다고 자네가 주장하고 있는 것인지 말일세.'

'저는 당신이 단적으로 신들을 믿지 않는다는 후자를 말하고 있는 겁니다.'

'놀라운 멜레토스, 무엇 때문에 이런 말을 하는 건가? 다른 사람 26d
들은 그러한데, 나는 해도 달도 신들이라고 믿지 않는다는 건가?'

'제우스에 맹세코, 재판관 여러분, 이분은 믿지 않습니다. 이분이 해가 돌이고 달은 흙이라고 주장하시니까요.'

'친애하는 멜레토스, 자네는 아낙사고라스를 고발하고 있다고 생각하는 건가? 여기 이분들을 그 정도로 무시해서 클라조메나이의 아낙사고라스의 책들이 그런 유의 이야기들로 가득 차 있다는 것을 모를 정도로 이분들이 학문에 무지하다고 생각하느냔 말
일세? 게다가 젊은이들이 이런 것들을 나한테서 배운다고? 이따 26e
금 오르케스트라로부터 아주 비싸 봐야 1드라크마면 얼마든지 그 책들을 살 수 있고, 그러다가 소크라테스가 자신의 이야기라고 사칭한다면 비웃어 줄 수도 있는데도, 특히 기가 찰 정도로 이상한 것들이니 말일세. 제우스 앞에서, 자네에겐 내가 어떤 신도 존재하지 않는다고 믿는 것으로 보인단 건가?'

'그럼요, 제우스에 맹세코, 어떤 방식으로도 없다고 믿으시죠.'

'멜레토스, 자네야말로 정말이지 신뢰할 수가 없군. 내 보기에 자네 자신에게도 그럴 테지.' 아테네 사람들이여, 제게는 여기 이

사람이 아주 오만하고 방자하며, 단지 일종의 오만함과 방자함과
27a 젊은 혈기로 이런 고발을 단행한 것으로 판단됩니다. 그는 마치 수수께끼를 만들어 내서는 저를 시험하려 드는 것 같거든요. "지혜로운 사람 소크라테스가 내가 장난으로 말하면서 모순적인 주장을 할 때 알아차리게 될까, 아니면 그와 듣고 있는 다른 사람들을 내가 속이게 될까?" 제게는 이 사람이 자신의 고발장에서 스스로 모순적인 주장을 하는 것으로 보이거든요. 마치 "소크라테스는 신들을 믿지 않지만, 신들을 믿음으로써 불의를 저지르고 있다."라고 주장하는 것 같습니다. 확실히 이건 농담하는 자의 주장이겠죠.

그러면 여러분, 어째서 제게는 그가 그런 주장을 하는 것으로 생각되는지를 함께 검토해 주십시오. '그리고 자넨 우리에게 대
27b 답해 보게, 멜레토스.' 그리고 여러분은 제가 처음에 여러분한테 요청드렸던 것, 즉 습관적인 제 방식대로 이야기를 해도 소동을 일으키지 말아 달라는 걸 기억해 주십시오. '멜레토스, 인간에 속한 활동들이 있다고 믿으면서 인간들을 믿지 않는 사람이 인간들 가운데 있나?' 그가 대답하게 해 주십시오, 여러분. 자꾸 소란을 피우지 못하게 해 주세요. '말(馬)들은 믿지 않으면서 말 관련 활동들은 믿는 사람이 있나? 또는 아울로스 연주자들은 있다고 믿지 않으면서 아울로스 연주와 관련된 활동들은 믿는 사람이 있느냐고? 있지 않지! 가장 선량한 사람. 자네가 대답하길 원치 않는

다면, 자네와 여기 다른 분들을 대신해서 내 직접 말하겠네. 하지
만 최소한 나의 다음 질문에는 대답해 주게. 신령한 활동들은 있 27c
다고 믿으면서 신령들을 믿지 않는 사람이 있나?'

'없습니다.'

'여기 이분들의 강권으로 자네가 고생스럽게도 대답을 해 주니
얼마나 좋은지 모르겠네. 그러니까 자네는 내가 신령한 것을 믿
고 가르친다고 말하는 것이네. 그것들이 새로운 것들인지 오래
된 것들인지 상관없이 말이지. 하지만 자네 주장에 의하면 난 적
어도 신령한 것들을 믿고, 게다가 자넨 이것들을 고발장에 서약
도 했지. 그러면 내가 신령한 것들을 믿는다면 분명히 내가 신령
들도 믿는다는 것이 매우 필연적이지, 그렇지 않나? 물론 그렇지
요. 대답을 하지 않으니 자네도 동의하는 것으로 추정하겠네. 그
런데 우린 신령들이 신들이거나 신들의 자식들이라고 믿고 있지
않나? 그런가, 안 그런가?' 27d

'물론 그렇죠.'

'그렇다면 자네의 말처럼 내가 신령들을 믿고 있다면, 신령들이
일종의 신들이라면, 그건 곧 자네가 수수께끼를 내고 장난을 치
는 거라고 내가 말한 그게 될 거라네. 즉, 내가 신들을 믿지 않는
다고 주장하면서도, 또 내가 신령들을 믿고 있기 때문에 내가 신
들을 믿고 있다고 재차 말하는 것 말이네. 이번에는 신령들이 신
들의 자식들이라면, 님프들로부터 태어나거나 그것들을 낳았다

고 전해지는 다른 누군가로부터 태어난 일종의 서출들이라면, 인간들 가운데 도대체 누가 신들의 자식들은 있다고 믿으면서 신들
27e 을 믿지 않을 수 있겠나? 말들과 나귀들의 새끼들인 노새들은 믿으면서 말들과 나귀들이 있다는 건 믿지 않는 것과 똑같이 이상한 일일 테니까 하는 말이네. 하지만 멜레토스, 자네가 이 주장들로 우리를 시험해 보려고 한 것이거나 나를 진실한 죄목으로 고발할지에 대해 망연자실해서가 아니라면 이런 고발을 했을 리가 만무하지. 그런데 어떤 식이 됐건 자네가 인간들 가운데 어느 정도의 지성을 갖고 있는 누구라도 설득할 수 있겠나, 즉 동일인이 신령한 것들과 신적인 것들이 있다고 믿고, 나아가 그 동일인이 신령들도 신들도 영웅들도 믿는 건 아니라고 설득할 수 있겠냔
28a 말이야? 단언컨대 어떤 방법도 없다네.'

Ⅳ. 소크라테스의 신적 사명(28a2–34b5)

그렇지만 아테네 사람들이여, 제가 멜레토스의 고발장에 제시된 것처럼 그런 불의를 행하지 않았다는 것은 더 이상의 변론이 필요치 않고, 이것들만으로도 충분하다고 생각합니다. 하지만 앞서도 말씀드렸던 것, 즉 다수의 사람들과 관련하여 저를 향한 상당한 혐오가 생겨나 있다는 게 진실이라는 것은 잘 알아 두십시오. 그리고 바로 다음 것이 저를 포획할 텐데요, 물론 저를 포획한다

면 말이죠. 멜레토스도 아니고 아뉘토스도 아니지만, 다수의 비
방과 시기를 말하는 겁니다. 바로 그것들이 많은 다른 훌륭한 사
람들도 포획했고, 제 생각에는 앞으로도 포획할 겁니다. 그게 제 28b
게서 멈추는 데 대해서 두려울 건 전혀 없습니다. 그런데 어쩌면
누군가가 말할지도 모르겠군요. "소크라테스, 당신은 지금 당신
을 죽게 할 위험에 처하게 만든 그런 종류의 일들에 애썼던 게 부
끄럽지도 않습니까?"라고 말이죠. 그러면 저는 이 사람에게 정의
로운 말로 대답해 줄 수 있을 겁니다. "이봐요, 당신은 잘못 말하
고 있는 거예요. 뭔가 약간이라도 쓸모가 있는 사람이라면 일을
하면서 정의로운 일을 하고 있는지 불의한 일을 하고 있는지, 훌
륭한 사람의 일을 하고 있는지 나쁜 사람의 일을 하고 있는지 이
것에만 주의를 기울일 일이지, 삶과 죽음의 위험을 고려해야 한
다고 생각한다면 말입니다. 적어도 당신의 주장대로라면 반신半 28c
神들 가운데서 트로이아에서 생을 마친 사람들이 바보들일 테니
까요. 다른 사람들도 그럴 테지만, 테티스의 아들 또한 그럴 겁
니다. 그 사람이야말로 부끄러운 어떤 일을 참는 것과 견주면서
그 위험을 가볍게 여겼죠. 그래서 여신인 어머니가 헥토르를 죽
일 것을 간절히 열망하고 있는 그에게, 제 생각에는 대체로 다음
과 같이 말했을 땝니다. '아들아. 네가 동료인 파트로클로스의 죽
음에 대해 복수를 하고 헥토르를 죽인다면, 너 자신이 죽을 것이
다. 헥토르 다음에는 죽을 운명이 즉시 너에게 준비되어 있단다.'

라고 말이죠. 그는 이 말을 듣고도 죽음과 위험은 대수롭지 않게
28d 여기고 반면에 나쁜 사람으로 사는 것과 친구들을 위해 복수하지 않는 것을 훨씬 더 두려워해서 이렇게 말했지요. '당장이라도 죽게 해 주세요. 불의를 저지른 자에게 정의를 책임지게 할 수 있다면요. 그래야 여기 굽은 배 옆에서 웃음거리로, 대지의 쓸모없는 짐으로 머물러 있지 않겠지요.'라고 말입니다. 당신은 그가 죽음과 위험에 신중했다고 생각하나요?" 아테네 사람들이여, 진실은 이렇습니다. 누군가가 최선이라고 생각해서 자기 자신을 어떤 위치에 배치했거나 지휘관에 의해 배치됐다면, 제 생각에는 거기에 주둔해서 위험을 무릅써야 마땅합니다. 죽음은 물론이고 다른 어떤 것도 결코 부끄러운 것보다 앞서서 고려하지 않고서 말이죠.

그렇다면, 아테네 사람들이여, 저는 무서운 일을 저지른 게 될
28e 겁니다. 저를 지휘하라고 여러분이 선출한 지휘관들이 제게 명령을 하달했을 때, 포티다이아에서 그리고 암피폴리스와 델리온에서, 다른 누구와도 마찬가지로 저 사람들이 명령한 그 자리에 주둔해서 죽을 위험을 무릅썼는데, 제가 생각하고 이해한 바로는, 제가 지혜를 사랑하고 저 자신과 다른 사람들을 조사하며 살아야
29a 한다고 신이 명령하고 있는 상황에 죽음이나 다른 어떤 일이 두려운 나머지 배치된 자리를 버린다고 한다면 말입니다. 그것은 무서운 일일 겁니다. 진실로 그땐 누군가가 저를 재판정으로 데려와도 그건 정의로운 일일 테죠. 제가 예언에 불복종하고 죽음

을 두려워하며 지혜롭지 않으면서도 지혜롭다고 생각하는 것과 관련하여 신들이 있다고 믿지 않는 것이라면 말입니다. 여러분, 실로 죽음을 두려워한다는 것은 지혜롭지 않은데 지혜롭다고 생각하는 것 이외의 다른 어떤 것도 아닙니다. 그건 알지 못하는 것을 안다고 생각하는 것이니까요. 아무도 죽음을 모르는데, 그것이 인간들에게 생길 수 있는 모든 좋은 것들 가운데 최선인지도 알지 못하면서, 나쁜 것들 중 최악이라고 자신들이 잘 아는 것처
럼 두려워하니까요. 그러니 어떻게 이것이 알지 못하는 것을 안 29b
다고 생각하는 것, 즉 그 비난받을 만한 무지가 아닐 수 있겠습니까? 그러나 여러분, 저는 이 경우에도 어쩌면 이만큼은 다수와 다르고, 사실상 제가 어떤 점에서 누군가보다 지혜롭다고 주장한다면 바로 이 점일 텐데요, 하데스의 일들에 관해서는 충분히 알지 못하기에 알지 못한다고 그렇게 생각도 하고 있다는 것 말입니다. 하지만 저는 불의를 행하는 것과 신이든 인간이든 더 고귀한 이에게 불복하는 것이 나쁘고 부끄럽다는 것쯤은 잘 알고 있습니다. 그러니 제가 나쁘다는 걸 알고 있는 나쁜 것들에 앞서서, 좋은 것들인지도 알지 못하는 것들을 저는 결단코 두려워하지도
않고 피하지도 않을 겁니다. 그러면 지금 여러분께서 아뉘토스 29c
의 주장을 믿지 않고 저를 방면하신다고 해 봅시다. 그는 애초에 저를 여기 법정으로 데려오지 말았어야 했거나 그게 아니라면 일단 법정에 데려온 이상 여러분이 저를 죽이지 않을 수 없다고 주

장했어야 맞습니다. 제가 방면되면 머지않아 여러분 아들들이 소크라테스가 가르치는 것들을 직업 삼아 모두 철저하게 완전히 망치게 될 거라고 여러분에게 강변하면서 말입니다. 이것들에 맞대응하며 제게 말한다고 가정해 보시죠. "소크라테스, 이번에는 우리가 아뉘토스의 말에 따라 행동하지 않을 것이고 당신을 방면합니다. 그렇지만 이런 조사 행위를 하면서 더 이상 시간을 보내지 않고, 지혜를 사랑하는 일도 하지 않는다는 조건부로 말입니다. 그런데도 계속해서 이 일을 행하다가 붙잡힌다면 당신은 죽게
29d 될 겁니다." 제가 말한 대로 이런 조건들에 근거해 저를 방면하신다면, 저는 여러분께 말씀드릴 겁니다. "아테네 사람들이여, 저는 여러분을 진심으로 환영하고 사랑하지만, 여러분보다는 오히려 신께 복종할 겁니다. 그래서 제가 숨을 쉬고 있다고 할 수 있는 한, 지혜를 사랑하고 여러분에게 충고하고 제가 늘 여러분 가운데 누구를 만나든 그에게 알려주는 일을 멈추지 않을 겁니다. 제가 늘 하던 대로 이렇게 이야기하면서 말이죠. '가장 좋은 사람들 가운데 지혜와 힘에서 가장 크고 명성이 가장 높은 도시-국가인 아테네 사람이면서, 돈이 당신에게 가능한 최대한으로 많아
29e 지게 하는 일과 명성이나 명예는 돌보면서도, 분별력과 진실 그리고 영혼이 최대한 고귀해지도록 하는 일은 돌보지도 않고 관심도 갖지 않는 것이 부끄럽지 않나요?' 그런데 여러분 중 누군가가 제 말에 동의하지 않으면서 자신은 보살피고 있다고 주장한다면,

저는 즉시 그를 놓아주지 않고 제가 가 버리지도 않으면서 대신 그에게 질문하고, 조사하고, 논박할 겁니다. 그런데 그가 덕을 갖고 있지 않으면서도 갖고 있다고 주장한다는 생각이 든다면, 그 30a
가 가장 큰 가치가 있는 것들은 가장 하찮게 여기고, 훨씬 무가치한 것들은 대단한 것으로 생각한다며 비난할 겁니다. 저는 만나는 누구에게든, 즉 젊은이든 나이 든 분이든, 외국인이든 내국인이든, 이 같은 일들을 행할 겁니다. 그런데 내국인들에게는 저와 가계가 유사한 만큼 가일층 그렇게 할 겁니다. 신이 이 일들을 명령하고 있다는 것을 잘 알아 두십시오. 제 생각에는 여러분께 신에 대한 저의 봉사보다 더 큰 좋음이 이 도시-국가에 생겨난 적이 전혀 없습니다. 제가 여기저기 다니면서 하는 일은 여러분 가운데 젊은이든 나이 든 이든 영혼이 가장 좋은 상태가 되게 하기 위해서 영혼보다 앞서거나 그것만큼 열정적으로 육체도 돈도 돌보지 말라고 설득하는 것 이외의 다른 어떤 것도 아닙니다. '돈에 30b
서 덕이 생기지 않고 덕으로부터 돈과 다른 좋은 것들이 인간들 모두에게 사적으로는 물론이고 공적으로도 생깁니다.'라고 말하면서요. 그런데 제가 이런 말들을 하면서 젊은이들을 완전히 망치고 있는 거라면, 이 말들은 해로운 것일 테죠. 하지만 제가 이런 말들이 아니라 다른 얘기를 한다고 누군가가 주장한다면, 그는 허튼소리를 하고 있는 겁니다. 아테네인들이여, 이것들을 고려하셔서 아뉘토스에게 설득되시든 설득되지 마시든, 그리고 저를 방면하시거나 방면하지 않으시거나 하십시오. 저는 다른 일들은 하지 않을 겁니다, 설령 여러 번 죽게 된다고 해도 말이죠."라고 말입니다.

30c 아테네 사람들이여, 소란을 피우지 마시고 제가 여러분께 요청했던 걸 계속 지켜 주십시오. 제가 말씀드리는 것들에 대해 소란을 일으키지 마시고 들어 주십사 했던 것 말입니다. 제 생각에는 듣고 계시면 여러분한테도 이익이 될 테니까요. 어쨌든 아마도 여러분이 크게 소리칠 만한 다른 말들을 얼마간 제가 또 할 요량이어서 그렇습니다. 그러니 결코 그러시지 말아 주십시오. 지금껏 제가 말한 것과 같은 유의 사람인 저를 여러분께서 죽이신다면, 여러분 자신들한테보다 제게 더 큰 손해를 입히지는 못하실 겁니다. 멜레토스도 아뉘토스도 제게 어떤 해를 끼치지는 못할
30d 겁니다. 그들은 그럴 능력도 없을 테니 말이죠. 저는 훨씬 훌륭한 사람이 더 나쁜 사람에 의해 해를 입는다는 것은 허락되지 않는다고 생각하고 있거든요. 물론 어쩌면 그가 저를 죽이거나 추방하거나 명예를 박탈할 수도 있을 겁니다. 그러나 어쩌면 이 사람이 그리고 다른 누군가도 그 일들이 어떤 부분에서는 크게 나쁘다고 생각할지 모르겠지만, 저는 그렇게 생각하지 않고, 오히려 이 사람이 지금 하고 있는 것, 즉 사람을 불의하게 죽이려고 용을 쓰는 것이 훨씬 더 나쁜 일을 하는 거라고 생각합니다. 그러므로 아테네 사람들이여, 지금 저는 저 자신을 위해 변론을 하고 있는

게 전혀 아닙니다. 누군가는 그렇게 생각할지도 모르겠지만, 여러분을 위해, 여러분이 저를 유죄로 판결해서 신의 선물에 대해 뭔가 잘못을 범하시지 않게 하려는 겁니다. 여러분이 저를 죽이 30e
신다면, 이런 유의 다른 사람을 쉽게 발견하지 못하실 테니까요. 글자 그대로, 우스갯소리까지 하자면, 크고 혈통은 좋지만 큰 몸집 때문에 약간 느리고, 일종의 등에에 의해 깨워질 필요가 있는 말(馬)과 같은 도시-국가에 착 달라붙어 있는 그런 사람 말입니다. 제 생각에는 신이 저를 바로 그런 사람으로 이 도시-국가에 붙여 놓으신 겁니다. 온종일 모든 곳에 붙어서 여러분 각각을 각 31a
성시키고 설득하고 꾸짖는 일을 결코 멈추지 않을 그런 사람으로 말이죠. 여러분, 이런 종류의 다른 사람은 여러분께 쉽게 생겨나지 않을 것이고, 여러분이 제 말에 복종하신다면, 저를 아끼시게 되는 겁니다. 아마도 여러분은 마치 선잠을 자다가 깨어난 사람들처럼 화를 내면서 아뉘토스의 말에 따라 저를 세게 딱 쳐서 가볍게 죽이고는 남은 생을 누워 자면서 보내게 될지도 모릅니다. 신께서 여러분을 걱정해서 다른 누군가를 여러분 가운데 보내주지 않으신다면 말이죠. 제가 신에 의해 이 도시-국가에 선물로 주어졌다고 할 만한 사람이란 걸 여러분은 다음에서 잘 알아채실 수 있으실 겁니다. 이것은 인간에게 속한 일 같지 않은데요, 31b
저 스스로의 일들 전부는 돌보지도 않으면서 그 많은 세월 동안 집안일들을 방치하고 버텼지만, 여러분의 일을 항상 우선하는데,

아버지나 손위 형처럼 여러분 각자에게 개인적으로 찾아가서 덕을 돌보라고 설득하면서 말이죠. 물론 만일 제가 이것들에서 뭔가 이득을 얻고 있고, 보수를 받으면서 이런 권고를 하고 있다면, 제 행위가 이해되실 겁니다. 하지만 지금 여러분은 직접 보고 계십니다. 고발자들이 다른 모든 것들에 대해서는 그토록 몰염치하
31c 게 고발을 단행하면서도, 적어도 이것, 즉 제가 누군가로부터 보수를 받아내거나 요구한 적이 있다는 것에 대해서 만큼은 증인을 세우는 뻔뻔스러움을 보여 줄 수 없다는 것 말입니다. 제가 진실을 말하고 있는 만큼, 저로서는 증거로 충분하다고 생각하는 저의 가난을 내세울 수 있기 때문입니다.

그런데 제가 사적으로는 이런 충고를 하며 돌아다니고 다른 사람들의 일에 참견도 하면서, 공적으로는 여러분 집회 앞에 올라와 도시-국가를 위해 조언하는 일에 과감하지 못하다는 게 아마 이상하게 여겨지실지도 모르겠습니다. 이것의 원인은, 제가 자주 여러 곳에서 말하는 걸 여러분이 들으셨던 것처럼, 제게 어떤 신
31d 적인 것과 신령한 것이 생겨난다는 겁니다. 멜레토스가 고발장에 써서 희화화한 것이 이것이죠. 제겐 이 현상이 어린 시절부터 시작됐습니다. 일종의 목소리가 생겨나는데, 그것이 생길 때마다 제가 막 하려는 일을 항상 못하게 말리긴 해도 한 번도 하라고 부추긴 적은 없었습니다. 그런데 바로 이 목소리가 제가 정치적인 일들을 하는 것에 반대했습니다. 적어도 제 생각에 이 반대는 전

적으로 좋은 것이기도 합니다. 아테네 사람들이여, 제가 오래전에 정치적인 일들에 투신했더라면 저는 오래전에 죽었을 것이고, 여러분한테도 아무런 이익이 없고 저 자신에게도 그랬을 거라는 걸 여러분께서 잘 알아 두셨으면 합니다. 진심으로 말하는 제게 31e
화를 내지 말아 주십시오. 여러분께든 다른 군중에게든 정직하게 반대하여 많은 불의와 불법이 도시-국가에 생겨나는 것을 방지
하면서도 무사할 사람은 인간들 가운데 아무도 없을 테죠. 오히 32a
려 정말로 정의를 위해 싸우려는 사람은, 짧은 시간이나마 목숨을 부지하려 한다면, 공적인 삶이 아니라 반드시 사적인 삶을 살아야만 합니다.

저는 여러분에게 이것들에 대한 큰 증거를 말로가 아니라 여러분이 매우 존경하는 행위로 제시하겠습니다. 그러면 제게 일어났던 일들을 들어 보세요. 제가 굴복하지 않아서 즉시 죽게 된다고 해도, 죽음이 두려워서 그 누구에게라도 정의를 거슬러 무릎을 꿇지는 않으리라는 것을 여러분께서 아시도록 말입니다. 그런데 제가 여러분께 말할 것들은 법정에서야 통속적인 말들이지만
진실한 말들입니다. 아테네인들이여, 저는 이 도시-국가에서 다 32b
른 직위는 한 번도 맡아 본 적이 없지만, 평의회 구성원이었던 적이 있습니다. 때마침 우리의 안티오키스 부족이 주재하고 있을 때였죠. 여러분께서 해전에서 사람들을 건져 주지 못한 열 명의 장군들을 단체로 심리할 것을 원했을 때 말입니다. 여러분 모두

32c 가 나중에 인정하셨다시피 그건 불법적인 행위였습니다. 그때 평의회 구성원 가운데 저 혼자만 법에 어긋나는 일은 어떤 것도 해서는 안 된다고 반대했고 반대표까지 던졌습니다. 그러자 연설가들이 저를 기소해서 체포할 준비까지 돼 있었고, 여러분은 그러라고 촉구하며 고함을 질러 댔습니다. 감옥이나 죽음이 두려워서 정의롭지 않은 결정을 내리는 여러분 편에 서기보다는 오히려 저는 법과 정의와 함께 위험을 무릅써야 한다고 생각했습니다. 이 일은 이 도시-국가가 아직 민주정이었을 때의 일이었죠. 그런데 과두정이 들어서자, 이번에는 30인 참주들이 저 자신까지 포함해서 다섯 명을 청사로 소환해서는 살라미스의 레온을 죽일 목적으로 살라미스에 가서 그를 데려오라고 명령했습니다. 저들은 다른 많은 사람들에게도 그런 명령을 여러 차례 내렸습니다. 가능하면
32d 다수를 자기들의 범죄 행위에 엮고 싶었던 것이죠. 하지만 그때 저는 또 한 번 말이 아니라 행동으로 보여 줬습니다. 이런 말을 하는 것이 품위 없는 게 아니라면, 저는 죽음에 관해 조금도 관심이 없습니다. 하지만 불의한 어떤 일도 불경건한 어떤 일도 행하지 않겠다는 이것에 대해서만큼은 제가 전적으로 관심을 기울이고 있습니다. 저 통치가 이 정도로 강력했지만, 불의한 어떤 일을 행할 정도로 저를 겁먹게 하지는 못했습니다. 우리가 청사에서 나왔을 때, 네 사람은 살라미스로 가서 레온을 연행해 왔지만, 저는 그들과 멀리 떨어져서 집으로 갔습니다. 그 통치가 그 일이 있

고 곧 무너지지 않았더라면, 아마 저는 이 일로 인해 죽었을 겁니다. 이 일들과 관련해서 여러분께 증언해 줄 사람들은 많습니다. 32e

그러면 제가 공적인 일을 했고, 훌륭한 사람이 해야 하는 일을 행하면서, 정의로운 것들에 도움을 주고, 마땅히 그래야만 하듯이 이것을 가장 중요하게 여겼다면, 여러분은 제가 이 긴 세월 동안 살아남을 수 있었으리라고 생각하시나요? 결코 그렇지 않습니다, 아테네 사람들이여. 인간들 가운데 어느 누구도 그렇지는 못했을 테니까요. 그러나 전 생애 동안 공적 영역에서도, 어딘가 33a
에서 어떤 공적 활동이라도 했다면, 저는 그런 유의 사람이고, 사적으로도 동일인이라는 게 분명하게 드러날 겁니다. 저는 정의에 어긋나게 동조했던 적이 한번도 없는데, 다른 사람들에게도 그랬고, 저를 비방하는 자들이 저의 제자들이라고 주장하는 바로 그 사람들 중 누구에게라도 그렇게 했습니다. 저는 도대체 어느 누구의 교사가 돼 본 적도 없습니다. 하지만 젊은이든 나이 든 이든 누군가가 제가 하는 이야기와 제 자신이 하는 일에 대해 듣고 싶어 하면, 어느 누가 됐든 인색하게 굴지 않았고, 돈을 받으면 대 33b
화를 하고 받지 않으면 대화하지 않는 것도 아니고, 오히려 부자와 빈자 모두 공평하게 제게 질문하라고 저 자신을 허락하고, 답변으로 제가 무슨 말을 하는지를 누군가가 듣기를 원할 때도 그렇게 합니다. 이들 가운데 누군가가 유용한 사람이 되는지 안 되는지와 관련해서 제게 책임을 지운다는 것은 정의롭지 않은데,

저는 이들 가운데 어느 누구에게 한 번이라도 그 어떤 교습을 약속한 적도 없고 가르친 적도 없었으니까요. 그런데도 누군가가 언젠가 저에게서 뭔가를, 즉 다른 사람들은 모두 그런 적이 없는 뭔가를 사적으로 배우거나 들은 적이 있다고 주장한다면, 그가 진실되게 말하고 있지 않다는 것을 잘 알고 계십시오.

그렇다면 도대체 무슨 이유로 몇몇 사람들은 저와 함께 많은
33c 시간을 보내는 걸 좋아하는 것일까요? 아테네 사람들이여, 여러분은 들으셨습니다. 여러분께 저는 모든 진실을 말씀드렸습니다. 그건 지혜롭다고 생각하지만 실상은 그렇지 않은 사람들이 심문받는 것을 그들이 들으면서 좋아하기 때문입니다. 그것이 불쾌하지는 않으니까요. 그런데 제가 말하는 것처럼 저에게 이 일은 신으로부터 행하라고 명령받은 것인데, 신탁과 꿈 그리고 또 다른 신의 섭리가 인간에게 무슨 일이든 어떤 것이라도 행하라고 명령하는 모든 방식을 통해서 말이죠. 아테네인들이여, 이것들은 진실일 뿐 아니라 쉽게 증명도 가능합니다. 그런데 제가 젊은이들 가운데 일부를 완전히 망치고 있고, 그리고 일부는 완전히 망
33d 쳤다면, 그들 중 누군가는 나이가 든 후에, 그들이 젊었을 때 그들에게 제가 나쁜 충고를 한 적이 있다는 것을 간파했다면, 확실히 지금 그들이 올라와서 저를 고발하고 제게 보복해야만 합니다. 그들 자신들이 그렇게 할 마음이 없다면야, 저들의 집안사람들 중 누군가, 즉 아버지들과 형제들 그리고 다른 친척들은 자신

들의 집안사람들이 저로 인해 뭔가 나쁜 일을 겪었다고 한다면, 지금이라도 생각해 내서 보복을 해야 마땅합니다. 어쨌든 그들 가운데 많은 이들이 여기에 참석해 있고 저 또한 그들을 보고 있
습니다. 우선 크리톤이 있습니다. 저와는 동년배에 같은 마을 사 33e
람입니다. 여기 크리토불로스의 아버지고요. 다음으로 스페토스의 뤼사니아스가 있고, 여기 아이스키네스의 아버지입니다. 또한 케피시아의 안티폰이 여기 있습니다. 에피게네스의 아버지입니다. 여기 또 다른 사람들이 있는데, 그들의 형제들이 저와 이런 식으로 시간을 보냈습니다. 테오조티데스의 아들 니코스트라토스는 테오도토스의 형제입니다. 그런데 테오도토스는 죽었고, 그러니 적어도 저 사람은 자기 형제에게 간청할 수가 없었을 겁니다. 그리고 데모도코스의 아들 파랄리오스가 여기 있는데, 테아게스가 그의 형제였습니다. 그리고 여기 아리스톤의 아들 아데이
만토스가 있습니다. 여기 플라톤이 그의 형제입니다. 그리고 아 34a
이안토도로스가 있는데, 여기 아폴로도로스가 그의 형제입니다. 게다가 저는 여러분에게 다른 많은 사람들의 이름을 열거할 수 있는데, 멜레토스는 그 자신의 연설 과정에서 그들 중 누군가를 증인으로 내세웠어야 했습니다. 근데 그때 그가 잊었다면, 지금 내세우게 하고, 저는 그에게 제 자리를 양보하고, 그와 비슷한 어떤 것이라도 갖고 있다면 말하게 하십시오. 그렇지만 여러분, 이와는 전혀 반대로 여러분은 그들 모두가, 멜레토스와 아뉘토스의

주장대로라면야, 그들의 집안사람을 완전히 망치고 나쁜 일을 하는 사람인 저를 도울 준비가 되어 있다는 걸 발견하시게 될 겁니
34b 다. 어쨌든 완전히 망친 사람들 자신들은 대체로 저를 도와줄 이유가 있을 수도 있겠죠. 그렇지만 완전히 망치지도 않고, 이미 나이가 든 사람인 이들의 친척들은 저를 도울 무슨 다른 이유도 갖고 있지 않을 텐데요, 멜레토스는 거짓을 말하고 있지만 저는 진실을 말하고 있다는 것을 알고 있다는, 올바르고도 정의로운 것 이외에 그들에게 다른 무엇이 있겠습니까?

V. 결말(epilogos, 34b6–35d8)

좋습니다, 여러분. 제가 변론할 수 있는 건 거의가 이것들이고, 아마 다른 것들도 대동소이할 겁니다. 그런데 대체로 여러분 가운데 누군가는 여러분의 행위를 상기하며 불쾌해 하실 수도 있겠
34c 군요. 본인들은 지금의 이 소송보다 더 사소한 소송에도 고군분투하면서 가장 많은 동정을 얻기 위해 자기 아이들과 다른 많은 집안사람들과 친구들을 올라오게 해서는 울고불고하며 재판관들에게 부탁하고 애원했는데, 저는 결국 그런 일들 중 어떤 것도 하려 들지 않았으니 말입니다. 그것도 극도의 위험을 무릅쓰면서 말이죠. 그래서 아마 누군가는 이런 것들을 곰곰이 생각해서 저에 대해 더욱 센 고집으로 일관하면서, 바로 이것들 때문에 화가

나서 노하여 투표를 하게 될 수도 있을 겁니다. 그렇지만 여러분 가운데 누군가가 이 상태시라면, 물론 저로서는 그렇지 않으리라 34d
고 기대합니다만, 만일 그러시다고 한다면, 저는 그 사람에게 다음과 같이 말하는 게 정의롭게 말하는 거라고 생각합니다. "가장 좋은 사람이여, 제게도 어딘가에 집안사람들이 있습니다. 그리고 다음 것은 바로 호메로스의 말인데, 저는 '나무나 바위에서 태어나지 않고' 인간들에게서 태어났으니까요. 그러니 아테네 사람들이여, 제게 집안사람들도 있고 아이들도 있는데, 셋이고, 하나는 이미 청년이지만 둘은 어린아이들입니다. 하지만 그럼에도 불구하고 저는 그들 가운데 어느 누구도 여기 올라오게 해서 여러분에게 무죄 방면에 투표해 달라고 간청하도록 하지는 않을 겁니다."라고 말입니다. 그럼 왜 제가 이런 일들 가운데 어떤 것도 하지 않으려는 걸까요? 아테네인들이여, 교만해서가 아니고, 여러
분들을 경멸해서는 더더욱 아닙니다. 어쨌든 간에 제가 죽음과 34e
관련하여 담대한 상태인지 아닌지는 별개의 논의이고, 제 나이에 제가 갖고 있는 이 이름으로 제가 이 일들 중 어떤 것이라도 한다는 건 평판과 관련하여 저와 여러분 그리고 도시-국가 전체에도 바람직하지 못하다는 게 제 생각입니다. 그것이 진실이든 거짓이든 말입니다. 그리고 어찌 됐든 소크라테스가 어떤 점에서 많은
사람들과 다르다는 것은 이미 확립된 사실입니다. 그러므로 여러 35a
분 가운데 지혜에 있어서나 용기에 있어서 또는 다른 어떤 덕에

있어서 남다르다고 여겨지는 사람들이 그런 유의 사람들로 된다면, 그것은 부끄러운 일일 겁니다. 저는 그런 종류의 어떤 사람들을 자주 봤는데요, 대단한 인물로 생각되는 사람인데도 (재판을 받을 때) 터무니없는 행동을 합니다. 자기들이 죽으면 뭔가 무시무시한 일을 겪게 되리라고 생각하듯, 마치 여러분이 직접 그들을 죽이지 않으면 불사자라도 될 것처럼 말이죠. 제 생각에 이들은 이 도시-국가에 부끄러움을 더하고 있습니다. 그래서 아테네
35b 인들 가운데서 덕에 있어 남다른 이들, 즉 아테네인들이 자신들보다 낫다고 여겨 공직들과 여타의 명예들을 다른 사람보다 우선하여 직접 선출해 준 이들조차도 여자들하고 하등의 차이가 없다는 것을 외국인들 중 누군가는 당연한 것으로 생각하게 될 겁니다. 아테네 사람들이여, 대단한 인물로 여겨지는 여러분 자신은 어떤 방식으로도 이런 일을 해서는 안 되고, 우리가 이런 일을 범할 때 여러분이 허용해서도 안 됩니다. 오히려 바로 다음을 보여줘야 합니다. 침묵을 유지하는 사람보다 이런 한탄하는 행위들을 연출하여 이 도시-국가를 웃음거리로 만드는 사람에게 여러분이 유죄 표를 훨씬 더 많이 행사할 거라는 걸 말입니다.

35c 하지만 여러분, 평판 문제와는 별도로, 제 생각에는 재판관에게 탄원하는 것도 탄원해서 무죄 방면되는 것도 정의롭지 않고, 오히려 가르치고 설득하는 것이 정의롭습니다. 재판관은 사적인 관계에 얽혀 정의를 호의로써 제공하기 위해서가 아니라 정의를

판별하기 위해 여기에 앉아 있는 것이니까요. 그리고 그는 자기가 원하는 사람들에게 호의를 베풀겠다고 서약한 게 아니라 법에 따라 판결하겠다고 서약한 겁니다. 그러므로 여러분께 거짓으로 맹세하도록 우리가 습관이 들어서도 안 되고 여러분께서 그런 습관을 가지셔도 안 됩니다. 그렇게 되면 우리 중 어느 쪽도 경건하게 사는 것이 아닐 테니까요. 그러니까 아테네 사람들이여, 고귀하지도 않고 정의롭지도 않으며 경건하지도 않다고 생각하는 바로 그런 일들을 제가 여러분에게 해야만 한다고 생각하지 말아
주십시오. 제우스에 맹세코, 무엇보다도 특히 제가 여기 멜레토 35d
스에 의해 불경죄로 기소되었으니 드리는 말씀입니다. 서약하신 여러분을 제가 설득하면서 탄원을 통해 강제하려 든다면, 저는 여러분께 신들이 있다는 것을 믿지 말라고 가르치는 꼴이 될 것이고, 제가 변론하는 행위도 그야말로 제가 신들을 믿지 않는다고 저 자신을 고발하는 격이 될 테니까요. 하지만 이것은 결코 사실이 아닙니다. 아테네 사람들이여, 저는 신들을 믿고 있습니다. 저를 고발한 사람들 중 어느 누구도 그렇게 생각하지 않지만 말입니다. 저와 관련하여 저와 여러분 모두에게 최선이 될 방식으로 판결하는 일은 여러분과 신에게 맡기겠습니다.

i. 형량 다툼(antitimēsis, 35e1–38b10)

[배심단은 유죄평결을 내렸고, 멜레토스는 사형을 제의했다.]

35e, 36a 아테네 사람들이여, 이런 일, 즉 여러분이 제게 유죄 표를 던지신 일이 생겨난 것에 대해 제가 짜증을 내지 않는 것은 다른 많은 이유도 있겠지만, 이 일이 벌어진 것이 예상하지 못한 것이 아니었다는 데에 있습니다. 오히려 저는 양쪽의 총투표 수에 훨씬 더 놀라고 있습니다. 저는 표차가 이토록 근소하지 않고 클 거라고 생각했으니까요. 그런데 지금 제가 보니까 투표 수에서 30표만 옮겨졌더라면 저는 무죄 방면되었을 겁니다. 제 생각으로는 멜레토스에게서 현재 저는 무죄 방면되었습니다. 제가 무죄 방면되었을 뿐만 아니라 적어도 다음은 우리 모두에게 분명합니
36b 다. 아뉘토스와 뤼콘이 저를 고발하려고 올라오지 않았다면, 그는 총투표 수의 5분의 1을 얻지 못해서 천 드라크마를 지불할 의무를 지게 됐을 겁니다.

그런데 어쨌든 이 사람은 제게 사형을 형량으로 제안하고 있습니다. 뭐, 그렇다고 하죠. 하지만 아테네 사람들이여, 저는 여러분께 무엇을 반대 형량으로 제의해야 할까요? 혹여라도 분명히 제가 받아 마땅한 것이어야 하겠죠? 그럼 그건 무엇일까요? 제가 마땅히 겪거나 치러야 할 게 뭔가요? 평생 동안 죽 저는 침묵하며 지내지 않았고, 오히려 많은 이들이 돌보는 것들, 즉 돈벌

이와 집안일 그리고 장군직 및 공적 연설, 이 도시-국가에서 생겨나는 다른 공직과 정치 단체, 파당을 돌보지도 않았습니다. 저는 이런 일들을 맡고 생명을 보전하기에는 제 자신이 꽤나 바른 사람이라고 생각했습니다. 그래서 그런 쪽으로 가지 않았는데, 36c
그리로 가 봤자 사실상 여러분에게도 저 자신에게도 아무런 이익이 없었을 겁니다. 오히려 저는 각자에게 사적으로 다가가서, 제가 확언하는 것처럼, 가장 큰 혜택을 베풀어 주는 방향으로 나아갔습니다. 자신을 돌보는 일, 즉 가능한 한 훌륭하고, 가능한 한 분별이 있게 되기 위한 것에 앞서 자신에게 속한 어떤 거라도 돌보는 걸 우선하지 않았죠. 이 도시-국가 자체보다 앞서서 도시-국가에 속한 것들을 돌보는 일을 하지 않도록, 다른 것들도 동일한 방식으로 이렇게 돌보도록, 여러분 각자를 설득하려 노력하며 말입니다. 그러면 이런 사람인 제가 마땅히 겪어야 하는 것은 무엇일까요? 뭔가 좋은 것이어야만 합니다, 아테네 사람들 36d
이여. 적어도 진실로 제 공적에 따른 형량을 제안해야만 한다면 말입니다. 그렇죠, 그리고 그것도 제게 적합한 그런 종류의 좋은 것이어야 합니다. 그렇다면 가난한 사람이자 여러분의 후원자이고 여러분에게 훈계하는 일을 하기 위해 여가 생활이 필요한 사람인 제게 무엇이 적격일까요? 이런 사람에게는, 아테네 사람들이여, 시 청사에서 식사대접을 받는 일보다 더 적절한 것은 없습니다. 적어도 여러분 가운데 누군가가 올림피아 경기에서 두 마리든 네 마리든 말 경주에서 승리했을 때보다도 훨씬 더 어울리죠. 그 사람이야 여러분이 행복해 보이도록 만들어 주지만 저는 행복하게 만들어 드리니까요. 게다가 그 사람은 전혀 부양이 필요 없지만, 저는 필요합니다. 그러니 정의에 따라 제가 받을 만
36e 한 걸 형량으로 제안해야 한다면, 이것, 즉 시 청사에서의 식사대
37a 접을 형량으로 제안하겠습니다.

그런데 아마도 여러분께는 제가 이런 말을 할 때조차도 비탄 및 애원과 관련해 그랬던 것과 거의 똑같이 그야말로 고집스럽게 말하고 있다고 생각하실 수도 있겠습니다. 하지만 아테네인들이여, 사실은 그렇지가 않고, 오히려 그것은 다음과 같습니다. 저는 인간들 중 어느 누구에게도 적어도 자발적으로는 불의를 행하고 있지 않다고 확신하지만, 이에 대해 여러분을 설득하고 있지 못합니다. 우리가 서로 대화한 시간이 얼마 안 되니까요. 제 생각에, 다른 곳 사람들에게 그런 것처럼, 여러분한테도 사형에 관해서는 단 하루만이 아니라 여러 날을 심리해야 한다는 법
37b 이 있다면, 여러분도 확신하실 수 있었을 거라서 그렇습니다. 그러나 지금의 짧은 시간 안에 심각한 비방들을 떨쳐 내는 일은 실로 버겁기만 합니다. 제가 정말로 어느 누구에게도 불의를 행하지 않고 있다고 확신하기 때문에, 저 자신에게 불의를 행하고 자신에 맞서서 저 스스로가 나쁜 일을 당할 만하다고 말하면서, 이런 어떤 것을 저 자신에게 형량으로 제의한다는 것은 제겐 단연

코 있을 수 없는 일입니다. 제가 무엇이 두렵겠습니까? 멜레토스가 제게 형량으로 제의하고 있는 이것, 즉 제가 좋은 것인지 나쁜 것인지도 알지 못한다고 말하는 그것을 겪지나 않을까 해서 그러겠습니까? 그럼 그것 대신에 제가 나쁘다고 잘 알고 있는 것들 가운데 하나를 선택해서 그것을 형량으로 제의할까요? 가령, 징역형을 제의할까요? 대체 왜 제가 한시적으로 갖게 되는 권력, 37c
즉 11인 관리들에게 종속되어 감옥에서 살아야만 합니까? 아니면 벌금을 제의해서 다 낼 때까지 제가 투옥되어 있을까요? 하지만 저에게 이것은 방금 말했던 것과 같습니다. 제게는 벌금을 낼 돈이 없으니까요. 그러면 제가 형량으로 추방을 제의할까요? 어쩌면 여러분이 제게 이 형량을 제의하실지도 모르니까요. 아테네 사람들이여, 이거야말로 정말이지 제가 목숨을 어지간히 사랑하는 게 될 겁니다. 제가 너무도 불합리한 나머지 다음을 추론할 능력도 없다면 말입니다. 여러분은 제 동료 시민들인데도 제 37d
담론과 논변을 용인하지 못하고, 오히려 그것들이 여러분한테 아주 성가시고 비위에 거슬리게 되었고, 그래서 여러분은 지금 그것들을 제거하려 애쓰고 계십니다. 하물며 다른 사람들이 그걸 쉽게 견뎌낼 것 같나요? 결코 아닙니다, 아테네인들이여. 이 나이의 인간이 밖으로 쫓겨나서 이 도시-국가를 저 도시-국가로 맞바꾸면서 계속 추방되어 사는 삶이라면 제게 삶이란 것이 참 아름답기도 하겠네요! 제가 어딜 가든 여기와 마찬가지로 젊은이들이 제 말을 경청하리라는 걸 제가 잘 아니까요. 제가 이들을 내쫓으면, 그들이 자진해서 연장자들을 설득해 저를 쫓아낼 것입니다. 저를 내쫓지 않는다면, 이들의 아버지와 집안사람들이 바로 이들을 위해 저를 쫓아낼 겁니다.

37e 그렇지만 아마도 누군가는 이렇게 말할 겁니다. "소크라테스, 우리를 떠나도 침묵을 지키고 조용히 지내면서 얼마든지 살아갈 수 있지 않나요?" 이것이야말로 여러분 가운데 일부를 설득하기가 가장 어려운 점일 겁니다. 이것은 신에게 불복하는 일이고, 이것 때문에 조용히 지내는 것이 불가능하다고 제가 말한다면, 이같은 해명을 간교한 회피로 여기면서 저를 믿지 않으실 테니까
38a 요. 반면에 날마다 덕에 관해서 그리고 다른 것들, 즉 제가 덕에 관해 대화하면서 저 자신과 다른 사람들을 조사하는 일을 여러분이 들으시는 것들과 관련하여 담론을 구성하는 것, 이것이야말로 인간에게 가장 큰 좋음이고, 검토되지 않은 삶은 인간에게 살 가치가 없다고 제가 말을 한다면, 여러분은 이런 말들을 하는 저를 훨씬 못 미더워하실 겁니다. 그렇지만 여러분, 이건 제가 말하는 대로이고, 그렇더라도 설득하기가 쉽지 않죠. 게다가 일단 저는 저 스스로가 뭔가 나쁜 것을 받을 만하다고 생각하는 데에 적응이 되어 있지도 않습니다. 물론 제게 돈이 있었다면, 제가 낼
38b 수 있을 만큼 형량 제의를 돈으로 했을 겁니다. 그것은 제게 어떤 해도 주지 않았을 테니까요. 그런데 지금 저는 그렇지가 못하고,

동시에 여러분이 제가 감당할 능력이 되는 그만큼을 제게 형량으로 제의하고 싶지 않으시다면 말입니다. 아마도 은화 1므나를 여러분에게 낼 능력이 있을 겁니다. 그러니 저는 그만큼을 형량으로 제의합니다. 하지만 아테네 사람들이여, 여기 플라톤과 크리톤, 그리고 크리토불로스와 아폴로도로스가 자신들이 직접 보증을 서겠다면서 제게 30므나를 형량으로 제의하라고 재촉을 하는군요. 그러니 그만큼을 형량으로 제의하고, 이 사람들이 여러분께 그 돈에 대한 든든한 보증인이 될 겁니다.

ii. 판결 이후 최종 진술(38c1-42a5)

[투표 결과, 배심단은 소크라테스에게 사형을 언도했다.]

아테네 사람들이여, 여러분은 이 도시-국가를 헐뜯고 싶어하는 38c
사람들에 의해 얼마 안 되는 시간을 얻으려고 지혜로운 사람 소크라테스를 죽였다는 거짓 이름과 혐의를 받게 되실 겁니다. 여러분을 비방하기 원하는 사람들이야 제가 그렇지 않은데도 저를 지혜롭다고 말할 테니까요. 여러분이 잠시만 기다리셨다면, 이 일은 여러분한테 저절로 일어났을 겁니다. 여러분도 보시다시피 제 나이는 이미 생에서 멀리 떨어져 죽음 가까이에 있으니까요.
이 말은 여러분 모두에게가 아니라 저를 사형에 처하라는 쪽에 38d
투표한 분들에게 하는 발언입니다. 그리고 저는 여기 이분들에게 이것도 말하고자 합니다. 여러분, 아마 여러분은 제가 말이 부족한 이유 때문에 유죄 선고를 받았다고 생각하실지도 모르겠습니다. 제가 재판에서 무죄 방면을 위해 할 수 있는 모든 일과 말을 해야 한다고 생각하셨다면, 여러분을 설득할 그런 말들이 부족한 탓이라고 말입니다. 그런데 실상은 전혀 그렇지가 않습니다. 유죄 선고를 받은 건 부족해서이긴 합니다만, 말이 아니라 대담함과 몰염치가 부족해서, 즉 여러분께서 들으시면 가장 즐거워하실 그런 말들을 여러분한테 말씀드릴 그런 용의가 부족해서입
38e 니다. 통곡도 하고 비탄도 하면서, 제가 말하듯이 제게 어울리지 않는 여타의 갖은 일과 말을 하면서 말이죠. 하기야 그런 것들을 다른 사람들에게서 듣는 데에 여러분이 익숙해져 있기도 합니다. 하지만 그때에도 저는 위험 때문에 자유인답지 않은 어떤 행위를 해서는 안 된다고 생각했듯이, 현재도 이렇게 변론한 것을 유감스럽게 생각하지 않습니다. 오히려 저런 식으로 사는 것보다 차
39a 라리 이런 식으로 변론하고 죽는 편을 선택하겠습니다. 법정에서든 전쟁터에서든, 저든 다른 누구든 어떤 대가를 치르더라도 죽음만은 벗어나 보겠다고 획책해서는 안 되니까요. 전투 중에 무기를 버리고 추격자들에게 탄원하는 쪽으로 향하다 보면 최소한 죽음 정도야 모면할 수 있다는 게 종종 분명해지니까요. 그리고 다양한 위험 상황에서 누군가가 과감하게 이런 저런 말과 행동을 한다면 죽음에서 벗어날 그 밖의 많은 방도도 있습니다. 그러

나 여러분, 아마도 이게, 즉 죽음을 피하는 게 어려운 일은 아닐 겁니다. 오히려 비천함을 피하는 게 훨씬 더 어려울 겁니다. 그건 죽음보다 더 빨리 달리니까요. 지금 저는 느리고 나이가 든 탓에, 39b
더 느린 추격자에게 잡혔지만, 제 고발자들은 영리하고 민첩하기 때문에 더 빠른 것, 즉 나쁜 것에 붙잡히고 말았습니다. 그리고 저는 여러분에 의해 사형을 선고받고 떠나지만, 저들은 진실에 의해 극악과 불의를 선고받고 떠납니다. 저 역시 주어진 형벌을 지키겠고 이들도 그러겠지요. 아마도 이 일들은 이렇게 되어야만 했고, 제 생각에도 그것은 적절합니다.

그러나 저에게 유죄를 선고하신 분들이여, 이다음으로 저는 여 39c
러분에게 예언을 하고 싶은 바람이 있습니다. 저는 벌써 인간들이 가장 예언을 잘하는 시점, 즉 막 죽게 될 시점에 와 있으니까요. 여러분, 저는 저를 죽인 여러분에게 저를 죽일 때보다 훨씬 더 가혹한 복수가, 제우스에 맹세코, 제 죽음 이후에 즉시 여러분에게 닥칠 거라고 단언합니다. 여러분은 자기 삶과 관련하여 논박을 당하는 일에서 해방되리란 기대에 방금 이 일을 하셨지요. 그런데 제가 말하듯이 여러분에게는 정반대의 일이 일어날 겁니
다. 여러분을 논박하는 사람들이 더 많이 있을 테니까요. 지금까 39d
지는 제가 그들을 말렸는데, 여러분은 그것을 인지하지 못하셨던 겁니다. 그들이 더 젊은 만큼 더 가혹할 것이고, 그래서 여러분은 더욱 짜증을 내시게 될 겁니다. 사람들을 죽여서 누군가가 여러

분한테 올바르게 살고 있지 않다고 질책하는 걸 막을 수 있을 거라고 생각하신다면, 올바르게 숙고하고 계신 게 아니니까요. 이런 해방은 전혀 가능하지도 고귀하지도 않고, 오히려 저런 해방, 즉 남들을 억압할 게 아니라 자신이 최대한 가장 훌륭하게 되도록 각성하는 편이 가장 고귀하고 쉬운 일이니까요. 그러니 유죄 선고를 하신 여러분한테 저는 이런 예언을 해 드리고 여러분을 떠나겠습니다.

39e 그렇지만 무죄 방면에 투표하신 분들과는 바로 이런 일이 일어난 것과 관련하여 기쁘게 대화를 나누겠습니다. 관리들은 계속 바쁘고, 저는 제가 죽어야 하는 곳으로 아직 가기 전이니 그 시간 동안만 말이죠. 어쨌든 여러분, 그 시간은 저와 함께 머물러 주십시오. 허용되는 시간 동안 우리가 서로 대화를 나누지 못할 이유
40a 도 전혀 없으니까요. 여러분을 친구처럼 여기고 지금 막 제게 일어난 일이 도대체 무슨 의미인지를 알려 드리고 싶거든요. 재판관 여러분, 여러분을 재판관이라고 부르는 것이 올바르게 부르는 걸 겁니다. 제게는 어떤 놀라운 일이 일어났으니까요. 제게 일상이 된 신령한 것의 예언이 이전에 모든 시간 동안 늘 아주 한결같았고, 게다가 제가 어떤 올바르지 않은 일을 하려고 할 때면, 아주 작은 일들에 대해서도 반대를 했습니다. 그런데 여러분 자신도 보고 계시듯이, 누군가가 나쁜 것들 가운데서 가장 나쁜 것이라고 생각하고, 적어도 보통 그렇게 여겨지는 바로 그런 일들이

지금 제게 일어났습니다. 그런데 신의 신호는 아침 일찍 집을 나 40b
설 때도, 여기 재판정에 올라설 때도, 연설 중에 뭔가를 막 말하려 하는 그 어느 대목에서도 저에게 반대하지 않았습니다. 하지만 다른 논변들에서는 사실상 말하는 중간에 자주 저를 제지했습니다. 그런데 이번의 이 일과 관련해서는 제가 행동을 하든 말을 하든 그 어느 지점에서도 제게 반대하지 않더군요. 그러면 제가 그 이유를 무엇이라고 추측할까요? 제가 여러분께 말씀드리겠습니다. 제게 일어난 이 일은 좋은 것일지 모르고, 게다가 죽음이 나쁜 것이라고 생각한다면 우리는 올바르게 추측하고 있는 것일
수가 없습니다. 제게 이것에 대한 큰 증거가 생겨났습니다. 제가 40c
막 하려는 일이 뭔가 좋은 것이 아니었다면, 일상적인 신호가 제게 반대하지 않았을 리가 없으니까요.

그것이 좋은 것이라는 많은 희망이 있다는 것을 이제 다음의 방식으로 숙고해 봅시다. 죽음은 둘 중 하나니까요. 그것은 아무것도 아닌 것과 같아서 죽은 사람은 어떤 것에 대해서도 아무런 감각을 갖고 있지 않거나, 아니면 우리가 들은 대로 뜻밖에 닥치는 어떤 변화 및 이곳 장소로부터 다른 장소로의 영혼의 이주이거나 아무튼 둘 중 하나입니다. 그런데 아무런 감각도 없고 오히
려 잠과 같은 것이라면, 누군가 누워 자면서 어떤 꿈도 전혀 꾸지 40d
않을 때, 죽음은 놀라운 이득일 겁니다. 제가 생각하기에는, 누군가가 잠을 푹 자서 꿈조차 꾸지 않았던 밤을 골라내서, 자기 삶의

다른 밤들과 낮들을 이 밤과 대조시켜 보고, 자기 삶에서 이 밤보
다 더 좋고 더 즐겁게 산 게 어느 정도나 많은 낮들과 밤들이었
는지를 심사숙고해서 말해야 한다면, 제 생각에, 개인뿐만 아니
라 대왕大王도 다른 낮들과 밤들과 비교하여 이런 밤이 수를 세기
40e 가 더 쉽다는 것을 몸소 알게 될 겁니다. 따라서 죽음이 이런 거
라면, 저로서는 이득일 거라고 주장합니다. 게다가 시간 전체가
단 하룻밤보다 그렇게 많은 게 결코 아닌 것처럼 보이니까요. 그
럼 다른 한편으로 말하자면 죽음이 이곳에서 다른 장소로 집을
떠나는 것이고, 전해지는 말, 즉 죽은 사람들이 모두 그곳에 있다
는 말이 진실이라면, 재판관 여러분, 이것보다 더 크게 좋은 것이
41a 무엇이 있을 수 있겠습니까? 누군가가 재판관이라 주장하는 이
곳 사람들로부터 벗어나 하데스에 도착해서, 저승에서 재판을 하
고 있다고 말해지는 참된 재판관들, 즉 미노스와 라다만튀스, 아
이아코스 및 트리프톨레모스, 그리고 자기 삶을 사는 동안 정의
로웠던 다른 모든 반신반인半神半人들을 발견하게 된다면, 집에서
떠나 있는 게 즉각적으로 초라한 걸까요? 아니면 이번에는 오르
페우스와 무사이오스, 헤시오도스와 호메로스와 함께 있게 되는
일에 여러분 가운데 누구든지 얼마를 내실 건가요? 저는 이 일들
이 진실이라면 여러 번이라도 기꺼이 죽을 거니까요. 적어도 제
41b 게는 저승에서 시간을 보내는 게 놀라운 일이 될 테니까요. 제가
팔라메데스와 텔라몬의 아들 아이아스, 그리고 불의한 판결 때문

에 죽은 옛날 사람들 중에 그 밖의 누군가를 무심코 만나게 될 때
마다, 저 스스로 겪은 일들과 저분들의 것들을 비교할 것이고, 제
생각에 이것은 불쾌한 일이 아닐 겁니다. 특히나 가장 큰 것은 이
곳 사람들을 설득했듯이 그곳 사람들을 조사하고 검토하는 일입
니다. 그들 중에 지혜로운 사람이 누구이고, 그리고 사실상 그렇
지도 않으면서 그렇다고 생각하는 사람이 누군지를 말이죠. 재판
관 여러분, 트로이에 맞서 많은 군대를 이끌었던 사람이나 오뒷
세우스, 시쉬포스 또는 누군가 언급할 수 있는 다른 무수한 남자
들과 여자들을 심문하는 일을 할 수 있는 것에 대해 누구든 얼마
를 지불하실 겁니까? 저승에서 그들과 대화하고 함께 지내고 검 41c
토하는 일은 말로 다 할 수 없는 행복일 겁니다. 어쨌든 저승 사
람들이 적어도 이 일 때문에 누군가를 죽이는 일이 없다는 건 확
실하죠. 저승 사람들이 이승 사람들에 비해 다른 점들에서도 더
행복하지만, 어찌 됐든 전해지는 말들이 진실이라면, 그들은 이
제 남은 시간 동안 죽지 않는 사람들이니까요.

재판관 여러분, 여러분 역시 죽음과 관련하여 좋은 희망을 가
지셔야 하고, 다음과 같은 진실 하나만은 염두에 두셔야 합니다.
좋은 사람에게는 살아 있을 때도 죽고 나서도 나쁜 것이 전혀 없 41d
고, 이 사람의 일들을 신들께서 방치하지도 않으십니다. 제게 다
음은 분명한데, 지금 저의 일들도 저절로 일어난 게 아니라 죽어
서 세상사에서 벗어나는 것이 이미 제게는 더 좋은 것이니까요.

이것 때문에 신호가 저를 어느 대목에서도 막지 않았던 것이고, 최소한 저는 제게 유죄 선고를 내린 사람들과 저를 고발한 사람들에게 전혀 화가 나 있지도 않습니다. 물론 그들이 이런 목적으로 제게 유죄 선고를 하고 저를 고발했던 게 아니라 저를 해치려

41e 는 생각에서 그랬던 것이긴 합니다. 이것이야말로 그들이 비난받을 점이죠. 하지만 저는 그들에게 다음만큼은 요청하는 바입니다. 여러분, 제 아들들이 성년이 되면, 제가 여러분을 못살게 굴었던 것과 꼭 마찬가지로 그들을 못살게 구는 것으로 복수해 주십시오. 여러분에게 그들이 덕보다도 돈이나 다른 뭔가를 우선하여 돌보고 있다고 여겨진다면 말입니다. 그리고 그들이 아무것도 아니면서 자신들을 대단한 인물이라도 된 거마냥 생각한다면, 제가 여러분에게 하듯이, 그들을 질책해 주십시오. 마땅히 돌봐야 하는 것들은 돌보지 않고, 아무 가치도 없는 사람들이면서 스스로 대단한 인물이라고 생각한다면 말입니다. 여러분이 이런 일들을 해 주신다면, 여러분에 의해 저 자신과 아들들 모두가 정의로

42a 운 일들을 겪는 게 될 테니까요. 하지만 벌써 떠날 시간이 다 되었네요. 저는 죽으러 가지만 여러분은 살러 갈 시간입니다. 우리 중 어느 쪽이 더 좋은 일로 향해 가는지는 신을 제외하면 우리 모두에게 분명하지가 않군요.

KPITΩN

『크리톤』

등장인물

- **소크라테스**(Sōkratēs, BCE 469–399)

  『법률』을 예외로 플라톤의 대화편 전체에 등장하고 문답법을 통한 지적 탐구에 전념한 아테네의 철학자이다. 아테네 법정에서 사형 판결을 받고 약 한 달간 수감 생활을 한 후 독배를 마시고 70세로 생을 마감한다.

- **크리톤**(Kritōn)

  소크라테스에게 헌신적인 부유한 친구로, 둘은 죽마고우이고 동갑내기이다. 플라톤의 대화편 『변론』, 『파이돈』 그리고 『에우튀데모스』에도 등장한다. 자신의 이름이 제목인 본 대화편에서 그는 소크라테스에게 탈옥을 권유한다. 디오게네스 라에르티오스(Diogenes Laertius)가 크리톤에게 귀속시켰던 소실된 17편의 대화편은 진정성을 의심받고 있다.

I. 도입 대화(43a1–44b5)

#. 1

소크라테스 자네가 이 시간에 어쩐 일로 왔나, 크리톤? 아직 이르지 않나? 43a

크리톤 물론 그렇다네.

소크라테스 몇 시나 됐지?

크리톤 새벽녘일세.

소크라테스 도대체 어떻게 해서 감옥의 교도관이 자네가 두드리는 소리에 기꺼이 응했는지 놀랄 일이군그래.

크리톤 그는 이미 나와는 꽤 친하다네, 소크라테스. 내가 여길 자주 오가기도 했고, 게다가 내가 그에게 모종의 호의까지 베풀었으니 하는 말이네.

소크라테스 그런데 자네는 방금 왔나, 아니면 온 지 좀 됐나?

43b **크리톤** 꽤 오래됐다네.

소크라테스 그러면 어째서 곧바로 나를 깨우지 않고, 조용히 옆에 앉아 있었던 건가?

크리톤 제우스에 맹세코, 그런 게 아니라네, 소크라테스. 나 자신도 잠 못 이루고 고통스러운 그 같은 상태에 있기를 결코 원하지 않았을 거라네. 하지만 나는 자네가 얼마나 기분 좋게 잠을 자고 있는지 보고는 한참 동안 자네에게 놀랐다네. 그래서 자네가 가장 즐겁게 시간을 보내도록 일부러 자네를 깨우지도 않았던 거지. 나는 내 평생에 걸쳐 전에도 자주 자네 성격 때문에 자네를 행복한 사람이라고 여겨 왔네만, 현재 감당하고 있는 불운에도 자네가 그것을 쉽고 가볍게 참아내고 있으니 훨씬 더 그렇다고 생각한다네.

소크라테스 크리톤, 당장 죽어야 한다고 짜증을 내는 거야말로 이
43c 나이에 잘못된 거라네.

크리톤 소크라테스, 자네 나이의 다른 이들 역시 그와 같은 불운에 붙잡히지만, 그들이 직면한 운명에 짜증을 내지 않도록 나이가 그들을 해방시켜 주는 것도 아니라네.

소크라테스 그야 그렇지. 그런데 자네는 왜 이리 일찍 온 건가?

크리톤 소크라테스, 괴로운 소식을 가져왔다네. 내가 보기에 자네에게는 아니겠지만, 나와 자네의 친한 친구들 모두에게

는 괴롭고도 우울한 소식이지. 내 생각에 내가 참기에는 가장 우울한 일들에 속한다네.

소크라테스 그게 뭔가? 델로스에서 그 배가 왔나? 그게 도착하면 내가 죽어야 하지. 43d

크리톤 사실 그 배는 도착하지 않았네. 하지만 내 생각으로는 오늘 도착할 거라네. 수니온에서 왔고 거기서 그 배를 뒤에 남겨 두었던 어떤 이들이 가져온 소식에 따르면 말이지. 그러니까 소식을 전해 준 이들에 의하면 그 배가 오늘 도착한다는 게 분명하다네. 그러니 소크라테스, 자네는 내일 생을 마감할 수밖에 없다네.

#.2

소크라테스 크리톤, 행운을 비네. 이것이 신들에게 사랑의 일이라면, 그렇게 돼야 하네. 하지만 내 생각에 그 배가 오늘 도착하지는 않을 거라네. 44a

크리톤 어떻게 그리 짐작하는 건가?

소크라테스 내 자네에게 말하지. 나는 그 배가 도착한 다음 날 죽어야만 하지.

크리톤 이 일들의 감독자들이 그렇게 말한다는 거야 어쨌든 확실하지.

소크라테스 그런 까닭에 나는 그 배가 오늘이 아니라 내일 도착할 거라고 생각하네. 그리고 나는 이 밤의 좀 전에 꿨던 어떤 꿈으로부터 판단하고 있는 거고. 자네는 알맞은 때에 나를 깨우지 않았던 것 같아.

크리톤 그렇다면 꿈들 가운데 실로 자네의 꿈이란 게 뭔가?

소크라테스 내 생각에 흰옷 입은 아름답고 고운 어떤 여인이 내게
44b 다가와서 나를 부르며 말을 했다네. "소크라테스, 당신은 셋째 날에 비옥한 프티아에 도착할 겁니다."

크리톤 이상한 꿈이로군, 소크라테스.

소크라테스 하지만 그렇긴 해도 적어도 내 생각에는 분명하다네, 크리톤.

II. 크리톤의 탈옥 권고(44b6–46a8)

#.3

크리톤 너무나도 분명한 것 같네. 하지만, 친애하는 소크라테스, 지금이라도 내 말을 듣고 자신을 구하게나. 자네가 죽는다면, 내게는 하나의 불운이 아닐 거야. 더욱이, 내가 다시는 발견할 수 없을 그런 친한 친구를 빼앗기게 될 테고, 게

다가 나와 자네를 잘 알지도 못하는 많은 사람들까지 내가 돈을 쓰려고만 했다면 자네를 구할 수 있었을 사람인데 관 44c
심을 갖지 않았다고 생각할 거라네. 하기야 친구들보다 돈을 더 중요하게 생각한다는 이것보다 더 부끄러운 평판이 또 어디 있겠나? 우리야 간절히 그러고 싶었는데도, 자네가 한사코 이곳에서 떠나기를 거절했단 걸 다수가 믿으려 들지도 않을 테니 하는 말이네.

소크라테스 하지만 친애하는 크리톤, 많은 사람들의 평판에 대해 우리가 왜 이리도 관심을 가져야 한단 말인가? 우리가 한층 고려할 가치가 있는 가장 분별력 있는 사람들은 그 일들이 순리대로 그렇게 이뤄졌다고 믿을 거라네. 44d

크리톤 그렇지만, 소크라테스, 다수의 평판에도 반드시 관심을 가져야 한다는 걸 자네도 알고 있지. 현 상황 자체가, 만일 누군가가 많은 이 사람들에게 비방을 당한다면, 그들이 가장 작은 게 아니라 가장 큰 것에 가까운 나쁜 일을 할 수 있다는 걸 입증하고 있으니 하는 말이네.

소크라테스 크리톤, 만일 다수가 가장 큰 악들을 가할 수 있고, 그래서 가장 큰 선들도 줄 수 있다는 게 쓸모가 있다면, 그거야 잘된 일일 거라네. 그러나 그들은 지금 둘 중 어느 쪽도 할 수가 없다네. 그들이야 사람을 분별 있게도 못하고 무분별하게 만들 수도 없고, 그저 되는대로 하는 게 전부지. 44e

크리톤 이건 이쯤 해 두세나. 그런데 소크라테스, 내게 이것에 대해 대답해 주게. 그러니까 적어도 자네는 나와 여타의 친한 친구들을 미리부터 염려하고 있는 건 아닌가? 설마하니, 자네가 이곳에서 도망가면, 거짓으로 기소하는 자들이 자네를 여기서 비밀리에 도망치게 했다고 우리에게 골칫거리들을 안길 거고, 우리가 전 재산이나 거금을 잃거나 이것 말고도 다른 어떤 일을 겪을 수밖에 없을까 봐 말이
45a 지. 자네가 이런 유의 어떤 것이라도 두려워한다면, 자네 마음에서 그런 건 제쳐 두게. 우리가 자넬 구하면서 이런 위험, 그리고 필요하다면 이보다 더 큰 위험까지 무릅쓰는 거야말로 어느 정도는 의무이지. 그러니 내 말 좀 듣고, 달리 행동하지 말게나.

소크라테스 크리톤, 사실 나는 이것들뿐 아니라 다른 많은 것까지 신경이 쓰인다네.

크리톤 그런 것들일랑 두려워 말게나. 기꺼이 자네를 구해서 이곳에서 데리고 나가려는 일부 사람들이 받으려는 게 많은 돈도 아니니까. 게다가 거짓으로 기소하는 그자들은 값이 싸서, 그들에게는 큰돈도 전혀 필요하지 않다는 걸 자네도
45b 알고 있지 않나? 내 돈이야 자네에게 허락되어 있고, 내 생각에 그것이면 충분하네. 또 나에 대한 염려 때문에 나의 어떤 것도 써서는 안 된다고 생각한다면, 쓸 준비가 된 외

국인들도 여기 있네. 그중 한 사람인 테바이의 심미아스는 바로 이 거사를 위해 충분한 돈을 가져왔다네. 케베스도 다른 아주 많은 사람들도 다 준비가 되어 있지. 그러니 내가 말하듯, 이런 일들이 두려워 자네 스스로를 구하는 일에 머뭇거리지 말고, 자네가 법정에서 했던 말, 즉 자네가 추방되면 자네 스스로가 무얼 할지 모르겠다는 말이 자네를 성가시게 하지도 못하게 하게나. 자네가 도착하는 다른 많은 곳 어디서든 그들이 자네를 좋아할 테니까. 자네가 45c
테살리아로 가고 싶다면, 나한테는 거기에 외국인 친구들이 있는데, 그들이 자네를 귀하게 여기고, 자네에게 안전을 제공해서 테살리아에선 아무도 자네를 괴롭히지 않을 거라네.

#.4

또한 소크라테스, 자네가 의도하는 일, 즉 자신을 구할 수 있는데도 자기 자신을 포기하는 일이 내게는 정의롭다고 생각되지 않는다네. 자네는 자네의 적들이 자네를 완전히 망치길 원해서 간절히 분투하고 나아가 고군분투했던 바로 그런 일을 자네 자신과 관련하여 발생하도록 간절히 노력하는 셈이라네. 게다가 내 개인적인 생각으로는 자네

45d 는 자네 아들들까지 버리는 것이지. 자네에 관한 한, 그들을 양육하고 교육시킬 수 있는 때에 자네가 떠나가 버려서 그들은 신통찮게 살아갈 거라네. 그들은 어쩌면 고아들과 관련하여 그러한 처지에 흔히 있게 되는 방식으로 살게 되겠지. 아이들을 낳아서는 안 되거나, 그들을 양육하고 교육시키면서 함께 난관을 견뎌내야 하지 않겠나. 하지만 내 생각에 자네는 가장 쉬운 길을 선택하는 거라네. 특히 적어도 전 생애에 걸쳐 덕을 돌봐 왔다고 말한다면, 모름지기 훌륭하고 용기 있는 사람이 취할 길을 선택해야 한다네. 나는 자네와 우리, 즉 자네의 친한 친구들을 대표해

45e 서 부끄러울 뿐이라네. 자네와 관련된 일 전부가 우리 측의 어떤 비겁함으로 인해 벌어진 일이라고 생각하지나 않을까 해서 말이지. 재판이 법정으로 가져가질 필요까지 없었는데도 법정에 정식으로 회부된 일, 재판 절차상의 다툼도 그렇고, 거기에다 그야말로 최종적인 이 일, 즉 우리 행

46a 위가 조롱거리로 전락한 것과 꼭 마찬가지로, 우리가 보기에 자네를 탈옥시켰어야 했는데 우리 측이 나쁘고 비겁해서 자네를 구하지도 못했고 자네도 자네 자신을 구하지 못했다는 것 말이네. 우리가 미약하지만 쓸모가 있었다면 할 수 있었는데도 말이지. 그러니 소크라테스, 이런 일들이 자네와 우리 모두에게 나쁠 뿐만 아니라 부끄러운 일이 되

지 않도록 조심하게나. 자, 숙고해 보게. 하기야 이제는 숙고할 때가 아니라 숙고를 끝냈어야 할 때지. 이제 한 가지 숙고만이 남아 있다네. 오늘 밤에 이 모든 일들이 실행돼야 해. 우리가 뭔가라도 기다린다면, 더 이상은 불가능하다네. 소크라테스, 모든 점에서 내 말을 듣고 결코 달리 행동하지 말게나.

III. 소크라테스의 답변(46b1-54e2)

i. 소크라테스의 정의의 원칙(46b1-50a5)

#.5

소크라테스 친애하는 크리톤, 자네의 열정은 큰 가치가 있네. 그 46b
열정이 어떤 올바름과 함께한다면 말이지. 하지만 그렇지 않다면, 그게 더 크면 클수록, 그것은 그만큼 더 까다로울 것이라네. 그러니 우리는 탈옥을 실행해야 하는지 하지 말아야 하는지를 검토해야만 하네. 나는 지금뿐만 아니라 항상 고찰해 보고서 내게 가장 좋은 것으로 생각되는 규칙 이외에는 나의 소유물들 가운데 다른 어떤 것도 따르지 않는 그런 사람이기 때문이라네. 그러니 지금 내게 이런 운이 왔다고 해서 내가 이전에 말했던 규칙들을 백안시할 수야 없지 않은가. 오히려 내게는 그 규칙들이 거의 같아 보이고, 동일한 그것들을 나는 이전처럼 중요하게 생각
46c 하고 존중한다네. 만일 현 상황에서 우리가 그 규칙들보다 더 훌륭한 것들을 갖고 있다고 말하지 못한다면, 나로서는 자네에게 동의하지 않을 것이란 사실을 잘 알아 두게. 어린아이들에게 하듯이, 다수의 힘이 지금보다 더 많은 유령들, 즉 투옥과 사형 및 재산몰수를 풀어 놓아서 우리를 겁먹게 한다고 해도 그렇게 하지는 않을 거라네. 그럼 우리는 어떻게 하면 이 문제를 가장 잘 검토할 수 있겠나? 우선 의견들과 관련하여 자네가 주장하는 그 논변을 다시 시작하자면, 의견들 가운데 어떤 것들은 주의를 기울여야 하고 어떤 것들에는 그래선 안 된다고 늘 우리가 했던 말은 올
46d 바른가 올바르지 않은가? 아니면 내가 죽어야만 하기 이전에는 올바르게 말해진 것이었지만, 지금은 쓸모없이 말을 위해 말해진 것이고, 실로 장난이자 허튼소리였다는 게 그야말로 분명해진 건가? 크리톤, 적어도 나는 공동으로 자네와 함께 이 논변이 현 상황에서 왜 내게 다르게 보이는지, 아니면 같은 것인지 그리고 우리가 그 말을 없던 것으로 할 것인지, 아니면 그 말에 설득될 것인지를 탐구해

보고 싶다네. 내가 방금 말했던 바와 같이, 어찌 됐든 이처럼 핵심을 찌른다고 여겨졌던 사람들 스스로에 의해, 사람들이 갖고 있는 의견들 가운데서 어떤 것들은 크게 중시돼야 하지만 어떤 것들은 그래서는 안 된다고 항상 말해졌다
고 나는 생각하네. 크리톤, 신들의 관점에서 자네는 이 논 46e
변이 올바르게 주장됐다고 생각하지 않나? 어쨌든 인간적인 견지에서 말하자면, 자네가 내일 죽게 되어 있는 게 절
대 아니고, 그래서 현재의 불운이 자네를 잘못 인도하지도 47a
않을 거라서 하는 말이네. 그럼 고찰해 보게. 사람들의 의견 전부를 중시해서는 안 되고 오히려 어떤 것들은 그렇게 해야만 하고, 어떤 것들은 그렇게 해서는 안 된다고 말하고, 모든 사람들의 의견을 중시할 게 아니라 오히려 어떤 사람들의 의견은 그렇게 하지만 어떤 사람들의 것은 그렇게 하지 않는 것이 자네가 보기에도 온당하지 않은가? 자네는 뭐라고 말할 참인가? 이것이 올바르게 말해진 게 아닌가?

크리톤 올바르게 말해진 거라네.

소크라테스 이런 이유로 인해 훌륭한 의견들이야 중시하지만 나쁜 의견들은 그리하지 않지?

크리톤 그렇지.

소크라테스 훌륭한 것들은 분별 있는 사람들의 것들이고, 나쁜 것

들은 어리석은 자들의 것들이 아니겠나?

크리톤 어떻게 아니겠나?

#.6

소크라테스 자, 다른 한편으로 다음과 같은 것들은 어떻게 말해졌

47b 나? 체력 훈련을 하고 이 일이 직업인 사람은 모든 사람의 칭찬과 비난, 그리고 의견에 주의를 기울이나 아니면 오직 한 사람, 즉 의사나 교관의 그것들에 주의를 기울이나?

크리톤 한 사람만의 그것들이지.

소크라테스 그런 까닭에 그는 다수가 아니라 그 한 사람의 그것들, 즉 비난들과 칭찬들을 두려워해야 하고 기꺼이 받아들여야만 한다네.

크리톤 그야 분명하네.

소크라테스 그러니까 그 외의 모든 사람들보다 오히려 교관이고 지식이 있는 어떤 한 사람이 생각하는 그것대로 행동하고 운동하고 먹고 마셔야만 하지.

47c **크리톤** 이것들은 사실이네.

소크라테스 좋네. 그런데 그가 그 한 사람에게 복종하지 않고, 그의 의견과 칭찬을 중시하지 않고, 어떤 지식도 갖고 있지 않은 다수의 말을 중시한다면, 그는 즉시 나쁜 일을 겪지

않겠나?

크리톤 도대체 왜 아니겠나?

소크라테스 그러면 나쁜 것이 무엇인가? 나쁜 것은 어떤 장소에 또한 복종하지 않는 사람의 어떤 부분에 영향을 미치는 건가?

크리톤 그의 육체에 그렇다는 건 분명하네. 그 육체를 철저하게 망가뜨리니까.

소크라테스 자네는 올바르게 말하고 있네. 크리톤, 이런 까닭에 다른 것들도 매한가지가 아니겠나? 삼라만상을 다 해명하지 않기 위해서라도, 특히 우리가 지금 숙고하고 있는 것들, 즉 정의로운 것과 불의한 것, 부끄러운 것과 아름다운 것, 좋은 것과 나쁜 것에 관하여, 우리는 다수의 의견을 따라 47d
야만 하고 이것을 두려워해야 할까, 아니면 그 한 사람의 의견에 대해 그렇게 해야 할까? 다른 모든 사람들과 비교할 때 더 부끄러워하고 더 두려워해야만 하는, 지식을 선언하는 누군가가 있다면 말이네. 우리가 그에게 복종하지 않는다면, 정의로운 것 덕분에 더 훌륭하게 되고, 불의한 것에 의해 파괴된다는 원칙을 완전히 망가뜨리고 무력하게 만들 것이라네. 아니면 이건 아무 말도 아닌 건가?

크리톤 최소한 나로서는 그럴 거라고 생각하네, 소크라테스.

#.7

소크라테스 자, 그럼 건강 덕분에 더 좋게 되고 질병으로 인해 완
전히 망가지는 것이, 만일 지식을 선언하는 사람들의 의견
에 설득되지 않아서 철저하게 파괴된다면, 그게 완전히 망
47e 가졌을 때 삶은 우리에게 살 만한 가치가 있겠나? 물론 이
것은 육체라네. 그렇지 않나?

크리톤 그렇다네.

소크라테스 그렇다면 육체가 나쁜 상태이고 완전히 망가지게 되면 우리에게 삶은 살 가치가 있을까?

크리톤 결코 아니지.

소크라테스 하지만 육체와 더불어서, 불의한 것이 해를 끼치고 정
의로운 것이 이익을 가져다줄 그것이 완전히 망가진다면
우리에게 삶은 살 만한 가치가 있겠나? 아니면 우리는 그
것이 육체보다 더 열등하다고 생각하는 건가? 불의와 정
의 둘 다와 관련된 것으로, 우리에게 속해 있는 그게 도대
48a 체 무엇이든 간에 말일세.

크리톤 결코 아니라네.

소크라테스 오히려 더 가치가 있는 것이겠지?

크리톤 훨씬 많지.

소크라테스 그러면 가장 훌륭한 이여, 많은 사람이 우리에 대해 무

엇을 말할 것인지에 대해 우리가 이토록 전적으로 주의를 기울일 것이 아니라 정의로운 것들 및 불의한 것들과 관하여 지식을 선언하는 한 명의 사람과 진리 자체가 무엇을 말할 것인지에 대해 그리 해야 하네. 이런 이유로 인해 우선 자네가 정의로운 것들과 아름다운 것들 그리고 훌륭한 것들과 그것에 반대되는 것들과 관련하여 우리가 주의를 기울여야 한다고 다수의 의견을 소개할 때, 그건 올바르게 알려 주는 게 아니라네. 어쨌든 누군가는 "그렇지만 다수가 우리를 죽게 할 수 있다."고 말할지도 모른다네. 48b

크리톤 그것도 아주 분명하지. 그런 말을 할지도 모르니까, 소크라테스.

소크라테스 자네는 진실하게 말하고 있네. 하지만 놀라운 이여, 적어도 내 생각에는 우리가 해명한 저 규칙은 여전히 이전과 동일하다네. 그리고 이번에는 사는 것이 아니라 잘 사는 것을 가장 중요한 것으로 삼아야 한다는 게 우리에게 변함없이 유효한지 그렇지 않은지를 살펴보게나.

크리톤 여전히 유효하다네.

소크라테스 그럼 '잘'과 '아름답게'가 '올바르게'와 동일하다는 것은 유효한가 아닌가?

크리톤 유효하지.

소크라테스 그렇다면 합의된 것들로부터 다음을 살펴봐야 하네.

48c 아테네인들이 나를 석방시키지 않았는데도 내가 이곳에서 도망치려 하는 것이 정의로운지 아니면 정의롭지 않은지를 말이지. 그래서 만일 정의로운 것으로 생각되면 우리가 시도를 하고, 반면에 그렇지가 않다면 그만두세나. 그러나 돈의 지불과 의견 그리고 어린아이들의 양육에 관해 자네가 주장하는 추론들은, 크리톤, 사실상 사람들을 쉽게 죽게 만들고, 할 수 있다면 아무 생각 없이 다시 그들을 살려내기도 하는 그런 종류의 많은 사람들의 추론 주제들이 아닐까? 이성이 우리에게 이와 같이 증명하기 때문에, 우리가 방금 말했던 것 이외의 다른 어떤 것도 살펴봐서는 안 되네. 나를 이곳에서 밖으로 인도하는 사람들에게 돈과
48d 감사를 제공하고, 나아가 우리가 스스로를 밖으로 인도하고 그래서 밖으로 인도된다면 우리가 정의로운 일을 행하는 것인지, 아니면 우리가 이 모든 일을 한다면 진실로 나쁜 짓을 하는 것인지를 말이지. 만일 정의롭지 못한 일들을 행하는 것으로 생각된다면, 그것에 앞서서 요지부동으로 침묵을 지키면서 죽어야 하는지, 아니면 다른 어떤 불의를 겪어야 하는지에 대해 고려할 필요조차 없다네.

크리톤 내 생각에 자네는 올바르게 말하고 있네, 소크라테스. 하지만 우리가 무엇을 해야 할지 살펴보게.

48e **소크라테스** 훌륭한 이여, 공동으로 검토해 보세. 그리고 내가 말하

는 동안에 자네가 어떤 식으로든 논박할 수 있다면 논박하게나. 그러면 나는 자네 말을 따르겠네. 하지만 축복받은 이여, 자네가 그리 할 수 없다면, 아테네인들의 의지에 거슬러서 나를 이곳에서 탈옥시켜야 한다고 내게 동일한 주장을 반복해서 펴는 걸 당장 그만두게. 하지만 내 생각으로는 이런 많은 것들과 관련하여 자네의 의지를 거슬러서가 아니라, 이것들을 행하도록 자네를 설득하는 것이 중요하기 때문이라네. 그러면 공동 탐구의 시작이 자네에게 적합하게 말해진 것인지 살펴보게. 그리고 자네가 가장 잘
생각하는 방식으로 내가 묻는 것에 대답해 보게나. 49a

크리톤 그렇게 해 보겠네.

#.8

소크라테스 우리는 어떤 경우에도 자발적으로 불의를 행해서는 안 된다고 말하는 건가, 아니면 어떤 경우에는 불의를 행해야만 하고 또 어떤 경우에는 그래서는 안 된다고 말하는 건가? 우리가 일찌감치 여러 번 동의했던 것처럼, 적어도 불의한 일을 행하는 것은 결코 좋지도 않고 고귀하지도 않은 건가? 아니면 우리가 전에 합의했던 저 모든 것들이 지난
며칠 사이에 싹 사라져 버렸고, 크리톤, 노령에 우리가 서 49b

로 진지한 대화를 나누면서 우리 자신이 어린아이들과 결코 다르지 않다는 것을 눈치채지도 못했다는 건가? 우리가 그때 말했던 것과 꼭 마찬가지로, 다수가 동의하든 동의하지 않든, 우리가 지금보다 더 가혹한 일을 겪어야 하든 더 가벼운 일을 겪어야 하든, 최소한 불의를 행하는 자에게 불의를 행하는 것은 이유를 불문하고 해롭고 부끄러운 건가? 우리가 그걸 말하는 건가 아닌가?

크리톤 그렇게 말하는 거라네.

소크라테스 그렇다면 결코 불의한 일을 해서는 안 되네.

크리톤 분명히 아니지.

소크라테스 그러니 불의를 당하더라도, 다수가 생각하는 것처럼, 보복으로 불의를 행해서는 안 되는데, 어쨌든 불의를 행해
49c 서는 결코 안 되기 때문이라네.

크리톤 그래서는 안 될 것으로 생각되네.

소크라테스 그러면 다음은 어떤가? 남들에게 나쁘게 행해야만 하나, 크리톤, 그래서는 안 되나?

크리톤 아무튼 그래서는 안 되네, 소크라테스.

소크라테스 다음은 어떤가? 다수가 주장하는 것처럼, 나쁜 일을 당해서 보복으로 나쁘게 행하는 것은 정의로운 건가, 아니면 정의롭지 않은 건가?

크리톤 결단코 정의롭지 않지.

소크라테스 아마도 사람들에게 나쁘게 행하는 것은 불의를 행하는 것과 전혀 차이가 없으니까 말일세.

크리톤 자네가 참되게 말하고 있네.

소크라테스 그러니까 사람들에게 보복으로 불의를 행해서도 나쁘게 행해서도 안 되네. 그들에 의해서 우리가 나쁜 일을 당
한대도 말이지. 그리고 크리톤, 자네가 이것들에 동의할 49d
때, 어떤 식으로든 자네 신념에 거슬러서 동의하지 않도록 살펴주게나. 나는 이것들을 믿고 있거나 이것들을 믿을 사람들이 소수라는 걸 알고 있으니까. 그런데 이렇게 믿고 있는 사람들과 그렇지 않은 사람들에게는 공동 결정이 없어서, 고심 끝에 내린 각 측의 결정들을 보면서 서로가 그것들을 경멸할 수밖에 없다네. 그러니 자네도 유심히 잘 살펴보게나. 자네가 공동으로 갖고 있어서 자네 역시 동의하는 것인지와 불의를 행하는 것도 보복으로 불의를 행하는 것도 나쁜 일을 당했을 때 피하려고 보복으로 나쁘게 되갚는 것도 전부 다 결코 올바르지 않다는 그것에서부터 우리가 결정을 시작해야 하는지를 말일세. 아니면 자네는 이 출발점에서 멀리 떨어져 있고 그래서 그것을 공유하지
않고 있는 건가? 내게는 오래전에도 그렇게 생각되었고, 49e
지금도 나는 여전히 그렇게 생각하네만, 만일 자네가 다른 식으로 생각한다면, 말하고 가르쳐 주게. 하지만 자네가

앞의 것들을 굳게 지킬 거라면, 이다음 것을 듣게나.

크리톤 그것들을 고수할 뿐만 아니라 동의하기도 한다네. 그러니 말해 보게.

소크라테스 그럼 내가 이다음 것을 말하겠네, 아니 오히려 내가 물어보겠네. "누군가가 다른 누군가와 합의한 것들이 정의롭다면, 그는 그것들을 이행해야 하나 아니면 전적으로 기만해야 하나?"

크리톤 이행해야 하지.

#.9

소크라테스 그러면 이런 것들에서 살펴보게나. 우리가 도시-국가를 설득하지 않고 이곳을 떠나 버린다면, 누군가에게, 그것도 나쁘게 행해서는 결코 안 되는 이들에게 나쁘게 행하
50a 는 것인가 아닌가? 그리고 우리가 합의한 것들을 지키는 것이 정의로운 건가 아닌가?

크리톤 나는 자네가 묻는 것에 대답할 수가 없다네, 소크라테스. 내가 이해하질 못하니 말이야.

ii. 소크라테스와 아테네 법률 간의 대화(50a6–54d2)

#. 10

소크라테스 그러면 다음과 같은 방식으로 살펴보세나. 이걸 어떤 식으로 명명해야 하든, 이곳에서 막 도주하려는 우리에게 법과 도시–국가 공동체가 다가와 마주 앉아서 묻는다고 말일세. "소크라테스, 내게 말해 보게. 자네가 염두에 두고 행하려는 게 뭔가? 자네가 행하려는 이 일에는 자네에 관한 한 자네가 우리 법들과 도시–국가 전체를 완전히 파괴
하려는 의도 이외의 다른 어떤 뭔가라도 있나? 아니면, 자 50b
네 생각에 법정에서 통과된 판결들이 일말의 힘도 없고, 나아가 개인들에 의해 무효화되고 전적으로 망쳐진다면, 저 도시–국가가 존속은 고사하고 전복되지 않을 수가 있겠나?" 크리톤, 우리는 이런 물음들과 이런 유의 다른 물음들에 대해 뭐라고 대답할 텐가? 법정 판결들이 효력이 있다고 규정하는 이 법, 즉 우리가 철저하게 파괴하고 있는 법을 대신해서 누군가, 특히 수사가는 할 말이 많이 있을 테니까. 또 우리는 그들에게 "도시–국가가 우리에게 불의를 행하고 판결을 올바르게 내리지 못했기 때문입니
다."라고 주장하겠는가? 이런 말을 할 텐가 아니면 뭐라고 50c

말할 텐가?

크리톤 제우스에 맹세코, 그렇게 말할 거라네, 소크라테스.

#. 11

소크라테스 그럼 법들이 다음과 같이 말한다면 어떤가? "소크라테스, 저것 역시 우리가 자네와 합의한 건가, 아니면 도시-국가가 내린 판결들에 충실한 것이 합의사항인가?" 우리가 법들이 말한 것에 놀란다면, 법들은 아마도 이렇게 말할 거라네. "소크라테스, 우리 말에 놀라지 말고 대답해 주게나. 자네는 묻고 답하는 방법을 능숙하게 사용하니까.
50d 자, 자네는 우리와 도시-국가에게 어떤 혐의를 물어 우리를 철저히 파괴하려 드는 건가? 우선 우리가 자네를 태어나게 하지 않았나? 그리고 우리 덕에 자네 아버지가 자네 어머니와 결혼해서 자네를 낳은 게 아닌가? 그러니 말해 보게. 여기에 있는 우리, 즉 혼인에 관한 이 법들에 올바르지 않은 거라도 있는 것처럼 뭐라도 트집을 잡으려는 건가?" "저는 트집을 잡는 게 아닙니다."라고 나는 말할 거라네. "아니면, 출생한 아이의 양육에 관한 그리고 그 안에서 자네 역시 교육받았던 교육에 관한 법들인가? 우리, 즉 이것들에 할당된 법들이 자네의 아버지에게 자네에게 시가

와 체력 단련을 교육하게 명령했을 때, 올바르게 명령하지 못한 건가?" "잘하신 겁니다."라고 나는 말할 거라네. "그 50e
렇다면, 자네는 출생하고 양육에 교육까지 받았으니, 우선 자네 자신과 자네의 조상들 모두가 우리의 후손이자 노예라고 말하지 않을 수 있겠나? 그리고 이렇다고 한다면, 자네 생각에 정의로운 것이 자네와 우리에게 동등하고, 그래서 우리가 자네에게 행하려고 하는 게 무엇이든 자네가 이것에 보복을 행하는 것이 정의롭다고 생각하는 건가? 정의로운 것이 자네와 자네 아버지 사이에서 그리고 자네에게 주인이 있었다면, 자네와 자네 주인 사이에서 동등하지 않았고, 그래서 자네가 무엇을 겪었든지 간에 그것들에 보복을 행할 수는 없었을 거라네. 나쁜 말을 들었다손 치더라도 보복으로 말할 수도 없고, 세게 맞았다고 해도 보복으로 세게 때릴 수도 없고, 이런 유의 다른 많은 경우에
도 그럴 수 없었을 거란 말이지. 다른 한편으로, 조국과 법 51a
들에 대해서 그렇게 하는 것이 자네에게 가능하고, 그래서 우리가 자네를 철저하게 파괴하려는 것이 정의롭다고 생각해서 그렇게 하려 한다면, 그러면 자네 역시 우리, 즉 법들과 조국을, 자네가 할 수 있는 한, 보복으로 파괴하려 시도하고, 또한 진실로 덕을 돌보는 자네가 이 일들을 행하면서 정의로운 일들을 실천하는 것이라고 주장하는 거겠

51b 지? 아니면 자네의 그 알량한 지혜 탓에, 신들과 지각이 있는 이들에게는 부모와 다른 모든 조상들보다 조국이 더 가치가 있고 더 큰 존경 속에서 더 경외 받고 더 성스럽다는 것을 자넨 깨닫지도 못했단 말인가? 그리고 아버지보다도 조국에 경배해야 하고 더 추종하며 그리고 조국이 격노한다면 아첨해야 하고, 그리고 조국을 설득하거나 아니면 조국이 명령하는 것은 무엇이든 행하거나 겪거나 둘 중 하나인데, 어떤 것을 겪으라고 조국이 명령하면 침묵하며 겪어내야 하는데, 세게 맞는 것이건 감금되는 것이건 전쟁터로 끌려 나가 부상을 입거나 죽게 되거나 간에 이것들을 행해야만 한다네. 정의로운 것은 이와 같아서, 굴복해서도 퇴각해서도 자네 위치를 떠나서도 안 되기 때문에, 전쟁터와 법정 그리고 모든 곳에서 도시-국가와 조국이 명령하는
51c 것은 무엇이든 행해야 하거나, 아니면 정의로운 것이 실제로 어떠한지에 대해 조국을 설득하거나 둘 중 하나라네. 부모에게 폭력을 행사하는 것은 경건하지 않은데, 부모보다는 조국에게가 훨씬 더 그렇겠지?" 우리가 이런 것들에 대해 뭐라 말하겠나, 크리톤? 법들이 말하는 것이 진실인가 아닌가?

크리톤 적어도 내게는 그렇다고 생각되네.

#. 12

소크라테스 아마도 법들은 말할 거라네. "그럼 소크라테스, 한번 보게나. 우리가 하는 말이 진실이라면, 자네가 지금 착수해서 우리에게 행하려는 것은 정의롭지 않은 거라네. 우리는 자네가 출생하고 양육받고 교육도 받게 해 주고, 우리가 할 수 있는 모든 좋은 것들을 자네와 다른 모든 시민들에게 분배했다네. 그렇게 하고도 우리는 선언하고 있는 51d
데, 아테네인 가운데서 원하는 사람들에게 기회를 제공해서 성년이 됐을 때 도시-국가의 일들과 우리 법들을 알아보고서, 우리가 그에게 만족스럽지 못하다면 자신의 소유물들을 갖고서 그가 원하는 곳으로 떠날 수 있다고 말이네. 게다가 우리와 도시-국가가 만족스럽지 못하다면, 자네들 가운데 누군가가 식민지로 가고 싶어 하든, 다른 어디로 가서 거류민으로 살고 싶어 하든, 자신의 소유물들을 갖고서 그가 원하는 어느 곳이든지 그 장소로 가는 것을 우리 법들 중 그 누구도 방해하거나 금지하지 않는다네.
하지만 자네들 중 누구라도 우리가 판결을 내리는 방식과 51e
도시-국가를 통치하는 그 밖의 방식들을 보면서도 곁에 머무른다면, 우리가 하라고 명령하는 이것들을 행하는 데 있어서 우리는 그가 우리와 이것을 이미 합의한 것이라고 말한다네. 그러면서 우리는 복종하지 않는 자가 세 가지 방식으로 불의를 행하는 거라고 말하지. 낳게 하는 사람들인 우리에게 그가 복종하지 않기 때문이고, 양육한 사람들인 우리에게 그렇게 하기 때문이고, 우리와 복종하기로 합의하고서 복종하지도 않고, 우리가 뭔가를 올바르게 하지

52a 못하는 경우에 우리를 설득하지도 않기 때문이네. 우리는 우리를 전면에 내놓으면서도, 우리가 명령하는 것을 이행하도록 난폭하게 명령하지도 않고, 오히려 두 가지 대안, 즉 우릴 설득하거나 아니면 이행하거나를 허락했는데, 그는 둘 중 어느 것도 하지 않는 거라네.

#. 13

소크라테스, 자네가 염두에 두고 있는 것을 정말로 행한다면, 자네 역시 문책을 받을 텐데, 그것도 아테네인들 가운데서 가장 적게가 아니라 오히려 자네가 가장 많이 받을 거라고 우리는 말한다네." 그래서 내가 "하지만 무엇 때문인가요?"라고 묻는다면, 어쩌면 그들은 아테네인들 가운데서 특히 내가 자기들과 기꺼이 그 합의를 했다고 말하면서 나를 정의롭게 나무랄 것이라네. 그들은 이렇게 말할 테니까. "소크라테스, 우리와 도시-국가가 자네에게

만족스러웠다는 큰 증거가 우리에겐 있다네. 자네에게 대 52b
단히 만족스럽지가 않았다면, 다른 아테네인들 모두보다도 주목할 만하게 결코 이곳에 머무르지 않았을 테니 말이야. 게다가 자네는 한 차례 이스트모스에 간 걸 빼고는 구경거리를 보러 이 도시-국가 밖으로 나가 본 적도 없고, 어딘가 병역을 가는 것 말고는 다른 어떤 곳에 간 적도 없고, 여타의 사람들처럼 다른 해외에 정착하려고 출국한 적도 없고, 다른 도시-국가나 다른 도시-국가의 법들을 알고자 하는 욕구가 자네를 붙잡지도 않았고, 오히려 자네에게는 우리와 우리 도시-국가로 충분했다네. 자네는 이처
럼 맹렬히 우리를 선택했고, 우리를 따라서 시민이 되기로 52c
합의했으며, 그리고 특히 이곳에 아이들을 정착시켰는데 이는 자네에게 이 도시-국가가 만족스러웠기 때문이지. 더욱이 자네가 원했다면, 재판 다음에 곧바로 추방을 형량으로 제안할 수도 있었지. 그것도 지금은 이 도시-국가가 내키지 않아 하는데도 자네가 행하려고 하는 바로 그것을 그때는 기꺼이 할 수도 있었지. 그때 당시에 자네는 자네가 죽어야 한대도 짜증을 내지 않을 거라면서 우쭐댔고, 자네가 말했던 그대로, 추방보다 죽음을 택했지. 그러나 지금은 저 말들을 부끄러워하지도 않고, 우리 법들을 공경
하지도 않으면서 완전히 망치려 들고 있네. 그리고 자네는 52d

가장 보잘것없는 노예나 할 법한 일을 하고 있는데, 자네가 시민으로 살겠다고 우리와 체결한 계약과 합의를 거슬러서 도망치려 하고 있으니 말일세. 그러면 먼저 바로 다음을 우리에게 대답해 보게나. 자네가 우리를 따라서 시민으로 살겠노라고 말이 아니라 행위로 우리와 합의했다고 우리가 주장한다면, 우리는 진실을 말하고 있는 건가 아니면 진실을 말하고 있는 게 아닌가?" 이것에 대해 우리는 뭐라고 말할까, 크리톤? 우리가 동의한다는 것 이외에 다른 어떤 방도라도 있나?

크리톤 동의해야만 하겠지, 소크라테스.

소크라테스 법들은 말할 거라네. "그런데 자네는 우리 자신과 맺은 계약과 합의를 위반하고 있는데, 합의한 것이 강제에
52e 의한 것도 아니고 속아서도 아니고, 짧은 시간 동안 심사숙고하도록 강제된 것도 아니고, 자그마치 70년이라네. 그 기간 동안 자네는 떠나 버릴 수도 있었는데, 자네에게 우리가 만족스럽지도 못하고 합의들이 자네에게 정의로운 것들로 생각되지도 않았다면 말야. 하지만 각 도시-국가가 실로 좋은 법을 갖고 있다고 자네 입으로 말했던
53a 라케다이몬도 크레테도 자네는 선택하지 않았고, 헬라스의 다른 어떤 도시-국가들도 비헬라스의 도시-국가들도 선택하지 않았지. 오히려 다리를 저는 지체장애인

과 시각장애인, 그리고 다른 장애인들보다 적게 이곳 밖으로 나갔지. 이처럼 다른 아테네인들보다도 자네에게는 이 도시-국가와 우리 법들이 대단히 만족스러웠다는 게 분명하다네. 법들이 없다면야 어떤 도시-국가든 누군가에게 만족스러울 수 있겠나? 그런데도 지금 자네는 합의한 것들을 준수하지 않을 텐가? 소크라테스, 최소한 자네가 우리에게 설득된다면 준수할 테지. 그러면 이 도시-국가를 떠남으로써 어쨌든 웃음거리가 되는 일은 없을 거라네.

#. 14

그럼 살펴보게나. 자네가 이것들을 위반하고 이것들 가운데 어떤 걸 잘못해서, 자네가 자네 자신이나 자네 자신의
친한 친구들에게 행하려는 그 좋은 일이란 게 뭔가? 최소 53b
한 자네의 친한 친구들까지 추방되고 시민권을 박탈당하거나 재산이 몰수될 위험에 처할 것이 거의 확실하다네. 그리고 자네 자신도 우선 가장 인접한 도시-국가들 가운데 어떤 나라, 즉 테바이나 메가라 둘 중 한 곳으로 간다면, ― 둘 다 좋은 법을 갖고 있으니까 ― 소크라테스, 자네는 이들의 정치체제에 적처럼 가게 될 것이고, 자신들의

도시-국가를 걱정하는 사람들은 모두가 자네를 미심쩍은
53c 눈으로 볼 테고, 자네를 법들의 파괴자로 여길 거라네. 그리고 자네는 재판관들에게 그들의 판단을 확증시켜 줄 것인데, 어쨌든 그들은 자신들의 판결이 올바르게 내려졌다고 생각할 거라네. 물론 누가 됐든 법들의 파괴자는 젊고 사고력이 없는 사람들만큼은 틀림없이 완전히 망친다고 생각할 테니까 말일세. 그러면 자네는 좋은 법을 갖고 있는 도시-국가와 사람들 중에서 가장 예의 바른 이들을 피할 텐가? 더욱이 자네가 이런 일을 감행한다면, 자네의 삶이 살 가치가 있을까? 아니면 자네는 이들에게 접근해서 대화를 나누며 뻔뻔스럽게 처신할 텐가? 어떤 종류의 이야기들인가, 소크라테스? 혹시 여기서의 바로 그것, 즉 덕과 정의 그리고 법적인 것들과 법들이 그 사람들에게 얼마나 가장 가치가 있는 것들인지에 대해선가? 그것 이외의 소크라테스의 행적이 몰염치하게 보일 거라고는 생각
53d 하지 않는 건가? 적어도 나는 그럴 수밖에 없다고 생각한다네. 그런데도 자네는 스스로 이곳을 떠나서 테살리아에 있는 크리톤의 외국인 친구들 곁으로 갈 텐가? 그곳에는 극심한 무질서와 아첨이 있는데, 어쩌면 자네 말을 즐겁게 들을지도 모르지. 가죽 의류를 입거나 또는 실로 달아나는 자들의 습관이 된 다른 입는 것들, 더욱이 자네 자신

의 외양을 바꿔서 변장도 하고 어떤 것들로 가장한 나머지 얼마나 우습게 감옥에서 도망쳤는지 말이지. 그런데 여생이 얼마 남지 않았을 것 같은 늙은이가 가장 중대한 법들을 위반하면서까지 너무도 뻔뻔스럽게 욕심을 부려서 살려고 했다고 말할 사람이 정녕 아무도 없을까? 어쩌면 자 53e
네가 누군가를 귀찮게 하지만 않는다면 그럴지도 모르지만. 한데 그러지 못한다면, 소크라테스, 자네는 많은 말을 듣게 될 텐데, 그것도 자네 자신과 관련된 가치 없는 말들이라네. 그야말로 자네는 모든 사람에게 굽실거리며 노예가 되어 살 거라네. 자네가 만찬을 이유로 테살리아에 가기라도 한 것처럼, 테살리아에서 잘 대접받는 것 말고 무얼 할 텐가? 게다가 정의와 다른 덕에 관한 저 담론들은 우리가 어디서 접하겠나? 그렇다면 진정 자네가 살기를 원 54a
하는 것은 아이들을 위해, 즉 그들을 양육하고 교육시키기 위해선가? 그건 또 어째서 그렇지? 그들을 테살리아로 데려가서 그들을 외국인으로 만들어 양육하고 교육도 시켜서 그들이 이걸 이익으로 갖도록 하려는 건가? 아니면 자네가 그렇게 하지 않는다면, 그들이 바로 이곳에서 양육된다면, 자네가 그들과 함께 있지 않더라도 자네가 살아 있을 동안에 더 고귀하게 양육되고 교육받겠지? 자네의 친한 친구들이 그들을 돌봐 줄 테니까 하는 말이네. 자네가 테살리아로 가면 그들이 돌봐 주겠지만, 자네가 하데스로 가면 그들이 돌봐 주지 않기라도 하겠나? 자네의 친한 친구들이라고 공언하는 사람들이 최소한 어떤 쓸모라도 있다면, 우리는 그럴 거라고 생각해야 하겠지.

#. 15

54b 하지만 소크라테스, 자네를 양육한 사람들인 우리 말을 듣고, 아이들도 사는 것도 다른 어떤 것도 정의로운 것보다 더 중시하지 말게. 자네가 하데스에 당도했을 때 저승에서 지배하는 자들에게 이 모든 것을 통해 자신을 변론할 수 있도록 말이네. 자네가 이런 일들을 행한다면, 그것은 이승에서 자네에게도 자네의 다른 어떤 친구들에게도 더 좋지도 않고 더 정의로운 것도 아니고 더 경건한 것으로 생각되지도 않고, 저승에 도착했을 때 자네에게 더 좋지도 않을 거라네. 하지만 진심으로 말하자면 자네가 떠난다면 자네는 법들인 우리에 의해서가 아니라 사람들에 의해 불
54c 의한 일을 당하고 떠나게 되는 거라네. 하지만 자네가 몹시 부끄럽게도 보복으로 불의를 행하고 보복으로 나쁜 일을 하고, 우리와 자네 자신이 맺은 합의와 계약을 위반하고, 조금도 나쁜 일을 해서는 안 되는 이들, 즉 자네 자신

과 친구들과 조국 그리고 우리 법들에게 나쁜 일을 하고서 떠나간다면, 우린 자네가 살아 있는 동안에는 자네에게 화를 낼 것이고, 저승에서는 우리 형제들인 하데스의 법들이 자네를 친절하게 환대하지도 않을 거라네. 자네가 힘 닿는 데까지, 우리를 파멸시키려 했다는 것을 알고 있으니 말이
지. 우리보다는 오히려 크리톤이 그가 말한 바를 자네가 54d
실행하도록 설득하지 못하게 하게나."

iii. 소크라테스의 최종 언급(54d3-e2)

#. 16

친애하는 동지 크리톤, 다음을 잘 알아 두게. 나는 듣고 있는 것만 같네. 마치 코뤼반테스의 열광에 감명을 받은 사람들이 아울로스 소리가 들린다고 생각하듯이 말이네. 그것도 이 말들의 바로 그 소리가 내 안에서 울려 퍼지고, 다른 것들은 들을 수 없도록 만들고 있다네. 하지만 적어도 지금 내가 생각하고 있는 것들에 관한 한, 자네가 이것들을 거슬러서 말한다면, 자네는 무익하게 말하고 있다는 걸 알아 두게. 그래도 자네가 뭔가 성취하고자 하는 게 더 있

다고 생각한다면, 말하게나.

54e **크리톤** 하지만 소크라테스, 나는 할 말이 없다네.

소크라테스 그럼 순리에 맡기세, 크리톤. 그리고 이런 식으로 신이 우리를 인도하시니 이리 하세나.

작품 해설

플라톤: 소크라테스의 변론/크리톤

I. 소크라테스의 법철학 - '소크라테스는 악법도 법이라고 말하지 않았다'

ⅰ. '안티고네의 문제'

ⅱ. 『변론』에서 소크라테스의 법사상

ⅲ. 『크리톤』에서 시민불복종

II. 소크라테스의 정의관 - 복수에 관한 성찰

ⅰ. 크리톤의 정의관 vs. 소크라테스의 정의관

ⅱ. 멜레토스에 대한 소크라테스의 반대 신문

III. 소크라테스의 죽음관

ⅰ. 비난받을 무지

ⅱ. 신적인 목소리

ⅲ. 불가지론 vs. 낙관론

ⅳ. 조건적 불가지론

플라톤: 소크라테스의 변론[1]/크리톤

소크라테스 사망 직후 저술된 플라톤의 소규모 걸작들인 『소크라테스의 변론』(이하 『변론』)과 『크리톤』의 작품 배경은 각각 아테네 법정과 감옥이다. 『변론』은 소크라테스가 자신의 삶과 철학을 일갈하며 개진한 '법정 변론'이고, 『크리톤』은 옥중의 소크라테스에게 크리톤이 탈옥을 권고하자 정의의 원리와 의인화된 아테네의 법 논의를 통해 소크라테스가 탈옥 거부 논변을 역설하는 대화편이다. 이들 두 대화편은 해당 논변과 그 정당화 과정을 통해 소크라테스의 삶과 죽음에 착근된 심층적인 의미에 접근하고 있다.

이와 같이 『크리톤』이 『변론』의 후속편과 같은 것으로 제시

1 『소크라테스의 변론』은 소크라테스가 아테네 법정에서 행한 '법정 변론'이다. 그는 이 대화편에서 자기에게 제기된 '고발(katēgoria)'에 대해 고발인들 및 아테네인들에게 '사과'나 '사죄'를 하고 있는 것이 아니라 매우 설득력이 있는 논증을 통해 '변론(辯論: apologia)'을 개진하고 있다. 따라서 소크라테스에 대한 왜곡된 선입견을 부추길 뿐만 아니라 책 내용조차 제대로 반영하지 못하는 『소크라테스의 변명』은 이 대화편의 제목으로 매우 부적절하다고 할 수 있다.

되기도 하지만, 문학 형식의 견지에서 보면 『변론』과 『크리톤』은 근본적인 대조를 이루고도 있다. 『변론』이 출판을 위해 개정된 법정 연설이라는 전통적인 문학 장르에 속하는 반면에,[2] 『크리톤』은 '소크라테스와의 대화들(Sōkratikoi logoi)'[3]이라는 새로운 문학 장르로 분류되는 작품이기 때문이다. 또한 『변론』이 플라톤과 수백 명의 아테네인들이 참석했던 역사적인 공적 사건을 다루고 있다면, '소크라티코이 로고이'에 속하는 『크리톤』은 상상 속의 사적인 대화를 재현하고 있는 허구적인 작품으로 '철학소설'이라고 할 수 있다.[4]

---

2 『변론』이 플라톤의 첫 번째 저작이고, 소크라테스가 사형당한 후 얼마 지나지 않아 저술되었다는 사실에는 이론의 여지가 없다고 할 수 있다. 따라서 『변론』이 플라톤 철학의 전체적인 발전의 토대를 이루고 있다는 『변론』-테제는 본 작품 해설의 기본 가정이기도 하다. 이를테면, 『변론』에서 소크라테스가 죽음과 관련하여 내세에 대한 종교적 희망을 갖고 있지 않았다면, 플라톤이 영혼 불멸을 논증하는 『파이돈』과 같은 대화편을 저술하지 않았을 거라고 주장하는 이론적 가정이 언급한 테제에서 도출된다는 것이다.

3 소크라테스가 죽은 후에 소크라테스에 대한 명예회복의 일환으로 그의 친구들과 추종자들은 새로운 문학 형식을 통해 그에 대한 기억을 널리 전파했는데, 이렇게 해서 정착된 문학 장르를 '소크라티코이 로고이'라고 부른다(아리스토텔레스, 『시학』 1447b11을 참고할 것).

4 역사적 소크라테스든 등장인물 소크라테스든 당대 진실과 관련한 논란이야 피할 수 없겠지만, 적어도 이 번역서에 담긴 '초산 삽화(acetate illustration)'는 철학자 니체의 '위험한' 통찰에 근거하고 있다. 창조적 파괴를 위해 기꺼이 망치를 들고 철학을 했던 '다이너마이트' 니체는 자신의 첫 번째 저작 『비극의 탄생』에서 소크라테스와 플라톤을 쇠약의 징후로, 그리스를 와해시키는 도구로, 사이비 그리스적이라고, 반그리스적이라고 신랄하게 비판한다. 그것도 강함의 염세주의인 그리스 비극을 죽인 장본인으로 도덕의 소크라테스주의를 특정하면서 말이다. 소크라테스에 대한

앞서 언급했듯이, 『크리톤』은 『변론』의 속편인데, 이것은 일련의 중대한 사건들인 소크라테스의 재판과 그의 투옥이라는 측면에서 규정된 것일 수도 있겠지만, 각 대화편을 좀 더 면밀하게 살펴보면 오히려 소크라테스의 주요한 철학 주제들, 즉 '법철학'·'정의관'·'죽음관'이 긴밀하게 상호 연관되어 원형적이면서 확장된 논의를 제공한다는 점을 비중 있게 고려한 측면이 크다고 하겠다.[5] 이런 이유에서 『변론』과 『크리톤』에 관한 한, 각 작품의 전체적인 줄거리 요약을 지양하고 이들 주제를 중심으로 두 대화편을 연계하여 소개하는 데에 작품 해설을 할애하고자 한다.[6]

이 같은 니체의 해석은, 대체로 국내외 서양 고대 철학계에서 철학적 순교자로 인식되는 소크라테스의 전통적인 모습과 극적인 대조를 이루는 게 사실이다.

5 작품 해설에서 다뤄지는 소크라테스의 철학 주제들은 번역자의 다음 연구를 바탕으로 작성되었다. 「법과 정의」(『철학의 이해』, 2015), 「복수의 도덕적 수용 가능성에 관한 고찰」(『인문학연구』, 2014), 「『변론』에서 소크라테스의 죽음관에 대한 새로운 조명」(『철학연구』, 2014).

6 나는 마치 타원처럼 저자와 독자를 중심에 두고 "원전에 최대한 충실하면서 가독성(可讀性)을 확보한다."는 번역 원칙을 준수하려 했다. 그렇지만 '달섬 세계고전'의 기획 의도 자체가 가독성의 증대를 통해 인문학의 저변을 확대하자는 데에 있고 나 또한 큰 틀에서 이 입장에 동의하기 때문에, 적어도 '누구나 읽어야 한다고 말하지만 아무도 읽지 않는 책'이 '고전'이라는 불명예만큼은 털어 내려 노력했다. 그래서 말 그대로 쉽게 읽힐 뿐만 아니라 그 뜻도 쉽게 알아차릴 수 있도록 번역 내내 있는 힘껏 많은 공을 들였다.

Ⅰ. 소크라테스의 법철학 – '소크라테스는 악법도 법이라고 말하지 않았다'

ⅰ. '안티고네의 문제'

'안티고네의 문제'는 개인 양심과 국가의 준엄한 법 사이의 첨예한 대립을 일컫는 법사상의 관용어다. 법철학적 논의 차원에서 이것은 신의 법으로서의 보편적인 자연법과 인간의 법으로서의 실정법 간의 갈등을 지칭하고, 법철학의 견지에서 자연법론(Natural Law Theory, 또는 비실증주의)과 법률실증주의(Legal Positivism, 또는 실정법주의)의 관계 설정에 대한 문제이기도 하다. 소포클레스의 『안티고네』에서 이 사안은 "불복종보다 더 큰 악은 없다."며 자신의 잔혹한 형벌을 정당화하는 크레온과 장례 및 매장 금지를 악법으로 규정하여 저항하며 불복종 권리까지 역설하는 안티고네 사이의 극한 반목으로 구체화되어 있다. 크레온의 실정법적 명령에 정면으로 맞서는 안티고네의 불복종 토대는 '신의 법'이다. 안티고네는 국가에 대한 충성보다 혈연에 대한 충성이 우선한다고 주장하고, 그녀의 법은 그들 민족의 풍습인 '죽은 자에 대한 장례'를 '신의 법'으로 일갈하면서 이를 인간이 거역할 수 없다고 항변하고 있다.

신법神法은 '신'이라는 개념에서도 잘 드러나듯이, 완전무결하고 영원히 타당한 불변의 법으로서 자연법自然法과 동의어로 사용되고 있다. 이와 달리 크레온은 누구도 자신의 국가보다 더 소중

한 자를 가져서는 안 되고, 이는 국가의 안전을 보장하기 위해 필요한 절대적인 강령이라고 주장한다. 여기서 크레온의 명령, 즉 왕명은 '인간의 법'으로서 실정법實定法을 말한다. 실정법은 인간의 공동생활에 있어서 질서를 유지하기 위한 필요불가결한 규범이다. 그러나 실정법은 제한적이고 불완전한 법으로서 특정 시대나 특정 사회나 장소에서 효력을 가질 뿐, 어떤 시대나 사회 모두에 보편적으로 타당한 것이 아니다.

이런 이유로 실정법은 정치적인 산물로서 언제라도 악법이 될 공산이 크다. 이 작품에서 크레온이 안티고네로 하여금 그녀의 오빠에 대한 장례식을 금지하고 테바이의 모든 시민에게 같은 포고령을 내린 것도 따지고 보면 정치적인 의도에서 비롯된 강압적인 행위임을 알 수 있다. 크레온은 선왕 오이디푸스의 정당한 왕위 계승자인 두 아들 폴뤼네이케스와 에테오클레스 간의 필살의 쟁투에서 이들 모두가 죽자 어부지리로 왕위에 오르게 됐다. 정상적인 법통에 따라 왕위에 오른 것이 아니라는 심한 열등감으로 인해, 그의 시신 매장 금지 포고령에는 반역자 폴뤼네이케스에 대한 복수뿐만 아니라 테바이 시민들에게 자신의 새로운 권위를 강렬하게 각인시켜려는 정치적인 포석도 깔려 있었다고 보는 것이 타당할 것이다.

법을 신이 내린 자연의 질서로 보는 눈, 즉 자연법론과 법을 인간이 만든 인간의 질서로 보는 눈, 즉 법률실증주의를 구별하는 전통적인 기준은 부정의한 법의 법적 지위 문제였다. 골자만 추리자면, 어떤 한 견해가 "부정의한 법은 법이 아니다."라는 부정설에 입각해 있다면 자연법론이 될 것이고, 긍정설의 편에 선다면 법률실증주의로 불리게 될 것이다. 이제 『변론』과 『크리톤』에서 법과 정의에 대한 소크라테스의 이념과 사상을 고찰함으로써 '악법도 법'이라는 법률실증주의의 법언을 소크라테스의 법사상에 귀속시키고 있는 한국 사회에 만연한 몰상식의 실체를 규명해 보자.

ⅱ. 『변론』에서 소크라테스의 법사상

사과나 변명이 아니라 법정 변론이 전개되는 『변론』에서 소크라테스는 자신을 향한 대중의 증오가 어디에서 유래됐는지, 자신이 어떻게 해서 "지혜로운 자(sophos anēr, 18b7)"라고 불리게 되었는지, 그리고 자신을 둘러싼 비방들이 어떻게 생겨나게 되었는지에 대해 적극적으로 항변하고 있다. 그는 자신이 현자라는 명성을 얻게 된 원인으로 '인간적인 지혜(anthrōpinē sophia)'를 언급함과 동시에 이러한 자신의 지혜에 대한 증인으로 델포이의 신탁을 내세운다. 그의 신탁 이야기는 실은 자신의 불경죄 혐의를 간접적으로 반박할 뿐만 아니라 지혜의 원천이 신이라는 그리스의 전통적인 믿음까지 승인하는 이중 효과를 목적으로 한 것이었다.

"소크라테스보다 더 현명한 자가 없다."는 신탁을 전해 들은 소크라테스의 반응과 그 신탁에 대한 숙고 과정 및 이를 직접 검증하는 그의 일련의 행보는 사실상 신탁의 정확한 의미를 파악하고자 하는 그의 경건에서 비롯된 것이었다. 델포이 신탁의 의미를 추적하던 소크라테스는 자신의 무지에 대해 깨닫게 되고 자기 자신과 남들을 캐물어 가면서 사는 삶을 자신에게 부여된 신에 대한 봉사로 확신하기에 이른다. 바로 이 지점에서 소크라테스의 신적 소명은 아테네 현실 정치와 갈등 관계에 놓이게 된다. 이러한 사태는 그가 자신의 기소자들 중 하나인 멜레토스와 나눈 대화에서 '철학 포기 조건부 석방'이라는 반사실적 진술에 잘 나타나 있다.

> "소크라테스, 이번에는 우리가 아뉘토스의 말에 따라 행동하지 않을 것이고 당신을 방면합니다. 그렇지만 이런 조사 행위를 하면서 더 이상 시간을 보내지 않고, 지혜를 사랑하는 일도 하지 않는다는 조건부로 말입니다. 그런데도 계속해서 이 일을 행하다가 붙잡힌다면 당신은 죽게 될 겁니다." 제가 말한 대로 이런 조건들에 근거해 저를 방면하신다면, 저는 여러분께 말씀드릴 겁니다. "아테네 사람들이여, 저는 여러분을 진심으로 환영하고 사랑하지만, 여러분보다는 오히려 신께 복종할 겁니다. 그래서 제가 숨을 쉬고 있다고 할 수 있는 한, 지혜를 사랑하고 여러분에게 충고

하고 제가 늘 여러분 가운데 누구를 만나든 그에게 알려 주는 일을 멈추지 않을 겁니다. 제가 늘 하던 대로 이렇게 이야기하면서 말이죠. '가장 좋은 사람들 가운데 지혜와 힘에서 가장 크고 명성이 가장 높은 도시–국가인 아테네 사람이면서, 돈이 당신에게 가능한 최대한으로 많아지게 하는 일과 명성이나 명예는 돌보면서도, 분별력과 진실 그리고 영혼이 최대한 고귀해지도록 하는 일은 돌보지도 않고 관심도 갖지 않는 것이 부끄럽지 않나요?'

(29c6–e3)(역자 강조)

소크라테스는 철학 포기 조건부 석방을 단호하게 거절하면서 신의 명령이 국가의 명령보다 우선한다고 강변한다. 왜냐하면 영혼이 최선의 상태가 되도록 각성시키고 설득하고 꾸짖는 사적으로 바쁜 삶을 통해 신에 대한 봉사를 실천하는 그에게 죽음은 고려의 대상이 아니었기 때문이다.

더욱이 소크라테스가 아테네의 현실 정치에 불참했다고 해서 그가 정치 자체를 경멸하거나 법에 대한 불복종을 일삼는 인물이었다는 것은 결코 사실이 아니다. 이를 증명하는 그의 첫 번째 정치적 경험은 민주 체제하에서의 사건으로 소크라테스가 500인 위원회의 위원직을 맡았던 때의 일이다. 해전海戰에서 생존자들을 건져 올리지 못한 10명의 장군들에 대해 단체로 재판할 것을 결의했을 때, 소크라테스만이 법과 올바른 것의 편이 되어 법에 어긋난 이런 불법 행위에 반대하며 개별 재판을 주장했다는 것이다. 또한 그는 과두 정체하에서 30인 참주들이 자신과 다른 네 사람을 출두케 하여 살라미스 사람 레온을 사형시키기 위해 연행해 올 것을 명령했을 때, 불의도 불경건도 저지르지 않기 위해 그들과 헤어져서 혼자만 집으로 갔다고 진술하고 있다. 죽음의 위협을 무릅쓴 채 그는 부당한 과두정의 명령에 불복했던 것이다.

철학 포기 조건부 석방, 장군들에 대한 개별 재판 옹호 그리고 살라미스의 레온 연행 거부뿐만 아니라 그의 세 차례에 걸친 참전 경험을 통해서도, 우리는 소크라테스가 올바른 법을 수호함과 동시에 부당한 명령에 불복했다는 것을 깨닫게 된다. 게다가 이러한 그의 태도는 법보다 정의가 우선해야 한다는 자연법론의 주장과 정확하게 일치하고 있다. 자연법을 실정법보다 상위법으로 간주하고 있는 자연법론은 개별 국가의 실정법과 자연법의 명령이 첨예하게 대립할 경우 후자의 우위를 옹호하기 때문이다.

ⅲ. 『크리톤』에서 시민불복종[7]

정의의 원리[8]를 논한 뒤 또 다른 법철학적 논의 차원에서 '왜 우리가 법에 복종해야 하는가?'에 대해 탐구하는 『크리톤』의 후반부는, 무조건적이고 절대적인 준법이라는 권위적인 정당화에 바쳐져 있는 것이 아니라 도대체 어떤 상황에서 법에 불복하는 행위가 도덕적으로 정당화되는가에 대한 정치 철학적 논의가 노정되어 있다. 특히 '우리가 누군가와 합의한 것들이 정의롭다면, 그것들을 이행해야 하는가 아니면 철저하게 기만해야 하는가'에 관한 '의인화된 아테네 법과의 가상 대화'에 주목할 필요가 있다. 이 대목에서부터 우리는 소크라테스가 도시-국가나 법들과 그 안에서 살아가는 시민 간의 관계를 합의나 계약 관계로 간주하며 의인화된 법들과 나누는 '철학적 수사술'을 듣게 된다.

이 가상 대화는 도시-국가와 도시-국가의 법들이 일단 결정하고 지시하는 바를 과연 그대로 따라야만 하는지를 중심으로 펼쳐진다. 왜냐하면 '의인화된 아테네의 법'은 한 국가의 법이 아무리 불의하다고 하더라도 그 국가에서 태어나고 양육받고 교육받은 것은 적어도 그 국가의 법들에 복종하겠다고 동의하고 약속을 했다는 증거이기 때문에 법을 어기면서 탈옥할 수는 없다고 논증하기 때문이다. 만일 법들이 불의하다면, 조국에 대해 취할 수 있는 방법은 설득 아니면 이행 둘 중 하나의 양자택일이라고 말해진다.

---

7 덕과 행복에 관심이 있는 행위자가 덕을 실현하는 데 필요한 여건을 법이 제공하지 않을 뿐만 아니라 그런 법의 타락과 실패에 대해 관련 당사자에게 납득시킬 만한 어떤 방도도 마련되어 있지 않다면, 이런 법에 대한 불복종 행위는 정당한 것으로 평가된다.

8 아래 'II. 소크라테스의 정의관 i. 크리톤의 정의관 vs. 소크라테스의 정의관'을 참고할 것.

결국 조국이 명하는 바는 무엇이든 이행하거나 아니면 올바른 것이 그 본성에 있어서 어떤 것인지를 나라에 납득시켜야만 한다는 주장이다. 소크라테스의 경우에 조국을 설득하는 길은 그가 재판을 받기 이전에 이미 성취했어야만 하는 일이었다. 도덕적으로 아테네가 건전해지도록 동분서주했던 그의 행적도 넓은 의미에서 그런 노력의 일환으로 간주할 수 있을 것이고, 결과적으로 조국에 대한 설득 작업에 그가 성공하지 못했다는 것을 부인하기도 어렵다.

이제 남은 것은 조국이 명하는 것들을 이행하거나 국외 추방을 자청하는 선택이다. 우선 아테네인들 가운데 누구라도 원하는 사람은 성인이 되어 나라에서 행해지는 일들과 법들을 지켜본 다음 그의 마음에 들지 않을 경우에는, 자신의 소유물들을 챙겨서 어디든 본인이 원하는 곳으로 떠나는 것이 허용된다는 점이 공표되고 있다. 『변론』 37c–e에서 말해진 그의 진술과 비교해 보면, 소크라테스의 국외 추방은 목숨에 대한 애착이 강한 것으로 비춰질 우려가 크다.

아울러서 국외 추방 이후에도 그는 신의 명령에 복종하여 아테네에서와 마찬가지로 타국에서도 철학을 계속하게 될 것인데, 그러면 아테네에서처럼 이를 견디지 못한 타국 사람들이 자신을 추방하게 되어 결국 나라를 떠돌게 되는 인생을 살 것이라는 예감도 표명하고 있다. 물론 그는 국외로 추방되어 침묵하고 사는 것에 대해서는 신의 명령에 불복하는 것이기에 받아들일 수 없다고 단언한다.

이렇게 되면 그의 유일한 선택지는 법들을 그대로 이행하는 것이다. 무죄인 소크라테스에게 사형을 언도한 국법이 비록 악법이라고 해도 합의나 계약인 이상 준수해야 한다고 계약론적 맥락에서 법에 대한 복종 여부를 이해할 때, 문제의 심각성이 드러나고 만다. 만일 법의 권위가 단지 강제성에서만 유래한다면, 『크리톤』의 정의의 원리와 계약이나 합의로서의 법 간의 일관되고 통일된 이해는 양립 불가능한 극한 대립으로 치닫게 될 것이기 때문이다. 이뿐만이 아니라 『크리톤』의 후반부 논의와 『변론』에 나타난 소크라테스의 자연법주의 간의 모순이 단지 외견상의 문제가 아니라 실질적인 것이라고 할 때, 소크라테스 법철학의 일관성 문제가 재차 논란거리가 되고 만다. 왜냐하면 『크리톤』의 소크라테스가 '악법도 법'이라고 선언한 것으로 해석할 경우, 『변론』의 소크라테스의 법사상과 상치되기 때문이다. 『변론』에서 자연법론을 옹호한 소크라테스가 『크리톤』에서는 법률실증주의자로 변신한다는 것은 납득하기 어려울 뿐만 아니라 양립 불가능한 입장이다. 실정법보다 자연법을 우선할 때의 불복종 행위와 악법인 실정법도 계약인 한 지켜야 한다는 계약론적 원리에 입각한 복종 행위는 간단히 화해될 수 있는 사안이 결코 아니기 때문이다.

그렇다면, 실정법보다 자연법의 우위를 역설하는 『변론』의 불복종 행위와 악법인 실정법도 계약인 한 지켜야 한다는 계약론적 원리에 입각한 『크리톤』의 복종 행위는 정말로 화해가 불가능한 것일까? 왜 소크라테스가 '불의를 행하는 것'에 전적으로 반대하는 '위해금지원칙'에 의해 '불의를 겪고' 있는지에 대한 물음에 대답함으로써 우리는 이 문제를 해결할 수 있을 것이다. 먼저, 소크라테스의 경우 탈옥을 거부하고 독배를 마시고 죽음을 청한 행위는 비폭력적이며 자발적이고 복종이라는 점에서 '소극적 복종'이다.

이처럼 『크리톤』의 소크라테스를 계약론의 입장에서 해석하는 가능성을 따로 분리해서 고려한다고 해도, 소극적 복종인 이상 하나의 저항 행위로 볼 수 있다. 『크리톤』 53b-c, 54c에도 언급되었듯이, 소크라테스의 행위는 관점을 달리해서 보면 타락한 아테네의 집권자들과 그 배심원들에 대한 저항의 몸짓으로 이해할 수 있다. 그는 준법의식이 투철하여 탈옥을 거부한 것이 아니라 아테네의 법이 잘못됐고 법정도 타락하여 자신에게 자행된 '사법 살인'을 증거하려고 탈옥을 거부하고 독배를 마신 것이다.

법 개념에는 악법이 포함되어 있지 않다. 왜냐하면 법의 원천은 정의이고, 악법은 정의가 부재하는 법이기 때문이다. 자연법에의 추구는 인간의 정의 추구의 모습이며, 이것은 법의 목적이 무엇인지를 말해 준다. 또한 자연법은 실정법의 결함을 충족시키고 실정법이 나아갈 방향을 제시하고 안내하는 최고의 스승이라고 할 수 있다. 그러므로 소크라테스와 '악법도 법'이라는 법언 간의 연결 고리는 근거 없는 허구이며, 오히려 그 오랜 법언의 바탕에 똬리를 틀고 있던 것은 정치적으로 불순한 의도였던 것이다.

국민의 인권을 침해하고 준법정신을 무리하게 강조하는 데 악용됐던 대표적인 사례가 '소크라테스의 독배'이다. 소크라테스는 『변론』과 『크리톤』 어디서도 '악법도 법'이라고 말한 적이 없다. 그를 '악법의 수호자'나 '독재정권의 철학적 하수인'으로 둔갑시켜 그의 철학적 권위를 실추시켰던 한국 사회의 법철학적 몰염치와 몰상식에 결연하게 맞서서 소크라테스의 명예회복을 위한 철학적 저항을 면면히 지속하는 이유가 바로 여기에 있다.

II. 소크라테스의 정의관 – 복수에 관한 성찰

고대 그리스 사회에서는 공적인 법이 허용하는 최대한도로 자신의 적敵에 대한 위해爲害가 관용되었을 뿐만 아니라 영화롭게까지 여겨졌다. 이것은 어떤 측면에서 빚의 변제 개념과 유사한데, 그 밑바탕에 빌린 돈을 되갚는 것처럼 당한 해를 되갚는다는 논리가 있었기 때문이다. 같은 맥락에 있는 "눈은 눈으로, 이는 이"라는 정의관은 오래됐다고 해도 합리적인 구석도 있다. 적어도 하나의 눈에는 양쪽 눈이 아니라 동등하게 단 하나의 눈이 상응하기 때문이다. 그렇지만 고대 그리스의 복수 원칙에서와 마찬가지로 흔히 우리는 배상賠償에 대한 관심과 무관하게 복수욕에 불타오른 나머지 복수 행위 자체에서 더 큰 즐거움을 얻지 않는가? 나아가 여하한의 합리적 고려는 전혀 하지도 않은 채 복수에 대한 맹목적 열정 때문에 자신이 당한 위해危害와 동등하기는커녕 이를 훨씬 상회하는 피해를 가하려 하지는 않는가?

방금 언급한 고대 그리스의 전통적인 정의관에 비춰 볼 때, 소크라테스의 도덕관은 한마디로 혁명적이라고 선언할 만한 가치가 있다. 왜냐하면 그는 "어떤 경우에도 불의한 짓을 해서는 안 된다."(『크리톤』 48b4-c11)라고 선언할 뿐만 아니라 "만일 피할 수 있다면 아무도 자신의 이웃을 타락시키지 않을 것이다."(『변론』 25c-26a7)라고 길게 논증했기 때문이다.

i. 크리톤의 정의관 vs. 소크라테스의 정의관

이른 새벽녘에 면회를 온 소크라테스의 죽마고우이자 철학에 문외한인 크리톤은 다수의 권위에 호소하여 그에게 탈옥을 독려한다. 크리톤은 친구보다 돈을 더 귀히 여긴 나머지 소크라테스를 구하지 못했다는 '부끄러운 평판'에 대한 우려를 토로하고 있는데, 사실상 그가 거론하는 탈옥 이유는 고대 그리스 사회에 만연되어 있던 전통적 정의관과 밀접한 관련이 있다. '친구를 이롭게 하고 적을 해롭게 하는 것이 정의'라는 고대 그리스 사회에 통용

되던 정의관에 따르면, "친구보다 돈을 중요하게 여긴다."라는 대중의 평판은 부끄러운 것이었고 어떤 측면에서 전통적 정의관을 유린하는 행위였기 때문이다.

소크라테스는 다수의 평판 때문에 감행하는 탈옥 행위와 관련하여 대단히 부정적인 입장을 감추지 않고 있다. 그럼에도 탈옥을 관철시키려는 투지와 열의에 사로잡혀 있던 크리톤은, 대중의 평판에 비할 때 친구들의 피해(44e1-45a3)나 재산 손실(45a6-b6), 망명지 알선(45b6-c5)은 큰 문제가 아니라면서 소크라테스에 대한 설득 작업을 쉽게 포기하려 하지도 않는다. 오히려 그에 따르면, 소크라테스가 탈옥을 거부하는 행위는 스스로를 구하지 않는 것인데(45c7), 이것은 '적들을 이롭게 하는 것'이나 다를 바가 없고, 아들들(45c7-d7)과 친구들(45d7-46a3)을 고려하지 않는 행위와도 별반 차이가 없다.

소크라테스는 바로 이 대목에서 대중적 정의관에 의존하고 있는 크리톤의 탈옥 권유 논변이 정당성이 있는지에 대해 짚고 넘어가자고 제안한다. 이 검토 작업의 필요성은 '언제나 추론해 보고서 자신에게 가장 좋은 것으로 판단되는 원칙만을 따르는 것'(46b4-6)이 소크라테스 자신의 행위 원칙이라는 데서 비롯되고 있다. 죽느냐 사느냐를 논증을 통해 따져 보겠다는 그의 평소 원칙 때문에, 이제 소크라테스와 크리톤은 공동으로 탈옥의 정당성을 검토하기에 이른 것이다. 또한 그러면서 그는 분별 있는 이들의 건전한 의견들을 존중하고 어리석은 자들의 의견은 나쁜 것으로 거부해야 하므로 대중의 의견이 결코 판단 기준이 될 수 없다는 점을 재차 확인시켜 주고 있다(47a11–b4).

나아가 소크라테스는 체력 단련에서 전문가 한 사람의 판단이 기준이 되듯, 육체보다 더 중요한 영혼에서도 마찬가지라는 '전문가–논지'[9]를 전개한다(47d8–48a10). 그러면서 그는 단순히 사는 것이 중요한 게 아니라 잘 사는 것이 무엇보다도 중요하다고 피력하면서, 잘 산다는 것이 아름답고 정의롭게 사는 것임을 역설하며 탈옥의 정당성 검증 작업의 사전 작업에 돌입하고 있다. 그렇다면 소크라테스의 이러한 유보적인 태도와 달리, 크리톤과 대중은 도대체 어떤 근거에서 소크라테스의 탈옥이 정의롭다고 주장하는 것일까? 그리스의 전통적 정의관을 염두에 둘 때, 우리는 그들이 탈옥의 정당성을 소크라테스에 대한 부당한 판결에서 찾고 있다는 것을 쉽게 알 수 있다. 더욱이 소크라테스 자신도 재판의 부당성을 알고 있었던 것 같다.[10] 이런 모든 정황을 고려할

9 소크라테스는 많은 사람의 의견에 개의치 말고 대신에 정의로운 것과 정의롭지 못한 것에 관하여 한 사람의 전문가와 진리 자체가 말하는 바에 유념할 것을 주문한다. 이 논박의 근거인 소크라테스의 '전문가–논지'는 모든 전문 분야에는 전문가가 있고, 한 사람의 전문가 의견이 다수의 의견보다 존중되어야 한다는 것이었다. '전문가–논지'는 『변론』의 멜레토스에 대한 반대 신문에도 등장한다.

10 소크라테스에 대한 판결은 부당했는가? 『크리톤』 53b–c에서 의인화된 법은 소크라테스의 탈옥이 재판관들에게 자신들의 판결이 옳았다고 확신하게 할 것이라고 말한다. 이는 소크라테스에 대한 그들의 판결이 부당하다는 의미이다. 또한 54c에

때, 고대 그리스의 전통적 정의관에 경도된 크리톤과 대중들로서는 아테네의 법에 의해 소크라테스에게 가해진 부당한 판결을 회복시키는 정의로운 방법이 탈옥일 수밖에 없었던 것이다.

"검토되지 않은 삶은 살 가치가 없는 삶"(『변론』 38a5-6)이라고 선언했던 소크라테스는 탈옥 행위가 과연 따를 만한 정의로운 행위인지를 검증하는 작업이 최우선이라면서 다음과 같이 크리톤 설득 논변을 전개한다.

> 우리는 어떤 경우에도 자발적으로 불의를 행해서는 안 된다고 말하는 건가, 아니면 어떤 경우에는 불의를 행해야만 하고 또 어떤 경우에는 그래서는 안 된다고 말하는 건가? 우리가 일찌감치 여러 번 동의했던 것처럼, 적어도 불의한 일을 행하는 것은 결코 좋지도 않고 고귀하지도 않은 건가? 아니면 우리가 전에 합의했던 저 모든 것들이 지난 며칠 사이에 싹 사라져 버렸고, 크리톤, 노령에 우리가 서로 진지한 대화를 나누면서 우리 자신이 어린아이들과 결코 다르지 않다는 것을 눈치채지도 못했다는 건가? 우리가 그때 말했던 것과 꼭 마찬가지로, 다수가 동의하든 동의하지 않든, 우리가 지금보다 더 가혹

서도 소크라테스의 탈옥 행위를 법률이 아닌 인간들, 즉 재판관들의 해악 행위의 결과라고 명시하고 있다.

> 한 일을 겪어야 하든 더 가벼운 일을 겪어야 하든, 최소한 불의를 행하는 자에게 불의를 행하는 것은 이유를 불문하고 해롭고 부끄러운 건가? 우리가 그걸 말하는 건가 아닌가?
>
> (49a4–b5)

우리는 여기서 "타자에게 의도적으로 불의를 행하는 것은 참된 도덕적 선이 아니다."라는 소크라테스의 도덕적 직관과 마주하게 된다. 이것에 근거하여 그는 "어떤 경우라도 불의한 짓을 해서는 안 된다.(oudamōs adikein)"는 '위해금지원칙'을 천명하는 것이다. 그러면서 그는 불의한 행위 그 자체가 좋지도 훌륭하지도 않을 뿐만 아니라 불의한 행위를 저지르는 자에게도 전적으로 나쁘고 수치스러운 것이라는 보충 논의까지 덧붙이고 있다. 그러면 이 '위해금지원칙'은 불의한 일을 당한 경우에 피해자의 입장에서도 똑같이 유효할까?

> **소크라테스** 최소한 불의를 행하는 자에게 불의를 행하는 것은 이유를 불문하고 해롭고 부끄러운 건가? 우리가 그걸 말하는 건가 아닌가?
>
> **크리톤** 그렇게 말하는 거라네.
>
> **소크라테스** 그렇다면 결코 불의한 일을 해서는 안 되네.

크리톤 분명히 아니지.

소크라테스 그러니 불의를 당하더라도, 다수가 생각하는 것처럼, 보복으로 불의를 행해서는 안 되는데, 어쨌든 불의를 행해서는 결코 안 되기 때문이라네.

크리톤 그래서는 안 될 것으로 생각되네.

소크라테스 그러면 다음은 어떤가? 남들에게 나쁘게 행해야만 하나, 크리톤, 그래서는 안 되나?

크리톤 아무튼 그래서는 안 되네, 소크라테스.

소크라테스 다음은 어떤가? 다수가 주장하는 것처럼, 나쁜 일을 당해서 보복으로 나쁘게 행하는 것은 정의로운 건가, 아니면 정의롭지 않은 건가?

크리톤 결단코 정의롭지 않지.

소크라테스 아마도 사람들에게 나쁘게 행하는 것은 불의를 행하는 것과 전혀 차이가 없으니까 말일세.

크리톤 자네가 참되게 말하고 있네.

소크라테스 그러니까 사람들에게 보복으로 불의를 행해서도 나쁘게 행해서도 안 되네. 그들에 의해서 우리가 나쁜 일을 당한대도 말이지.

(49b4-c11)

우리는 복수에 관한 고대 그리스의 전통적인 정의관과 소크라테스의 혁명적인 정의의 원리 간의 첨예한 대립을 바로 이 대화에서 분명하게 확인하게 된다. 소크라테스가 남을 해치는 것이 결국에는 불의한 짓을 행하는 것과 동일하다면서 '복수금지원칙'을 선언하고 있기 때문이다. 우리는 도덕 원리들을 설파하는 소크라테스의 논변에서 '복수금지원칙'이 '위해금지원칙'을 전제로 정당화되며, 따라서 '복수금지원칙'이 '위해금지원칙'에서 직접적으로 도출된다는 것을 깨닫게 된다. 가해진 악과 되갚는 악, 즉 이 두 개의 악은 결코 하나의 올바름을 만들어 낼 수 없다는 것이다.

사실상 '복수금지원칙'은 어떤 상황에서도 불의하게 행동하는 것에 대한 거부, 심지어 이전에 부당하게 대우했던 사람이라 할지라도 그에게 의도적인 손해나 손상을 가하는 것에 대한 철저한 거부를 강변하는 '위해금지원칙'의 논리적 귀결이다. 그렇다면 소크라테스의 '위해금지원칙'은 어디에서부터 기원하는 것일까? "여러 번의 동의"(49b6)를 언급하는 구절에 나타난 바와 같이, 우리는 『변론』에서 이 정의의 원리의 원형적 형태를 만날 수 있다. 따라서 우리는 준準역사적 문서인 『변론』에서 소크라테스적 도덕 혁명이 어떤 논변으로 등장하는지를 좀 더 추적해 봄으로써, 이 정의의 원리를 역사적 소크라테스의 공로로 온전히 돌려줄 필요가 있다.

ii. 멜레토스에 대한 소크라테스의 반대 신문

『변론』에서 '청년을 완전히 망친 혐의'[11]와 관련하여 소크라테스가 멜레토스를 반대 신문하는 과정에서 멜레토스는 청년 교육의 주체로 배심원들, 방청객들 그리고 협의회 의원들 모두를 당당하게 인정하면서 대중의 인기에 영합하는 맹목적 민주주의자의 면모를 드러내고 있다. 그러나 모든 아테네인들과 달리 소크라테스만이 청년을 완전히 망친다는 멜레토스의 주장은 이내 '전문가-논지'와 조마사調馬師의 예를 통해 모든 비유에 맞지 않는 소박한 논변으로 기각된다.

'대중에 의한 정치'를 선망하는 멜레토스를 논박하는 그다음 신문에서 소크라테스는 "만일 피할 수 있다면 자신의 이웃에게 해를 끼치기를 원하는 것이 불합리하다."는 논증을 제시하면서 '대중을 위한 정치'를 내비친다. 우리가 '위해금지원칙'의 예기적인 원형적 논변을 발견하게 되는 곳이 바로 이곳이다.

---

11 기존 번역자들은 diaphtheirō를 "타락시키다", "망쳐놓는다", "망치다" 등으로 옮겼는데, 나는 "완전히 망치다"를 선택했다. 나는 이 번역서에서 니체를 통해 소크라테스의 또 다른 역사적 진실을 상상해 보려는 독자들의 염원을 최대한 반영해 보려 했다. 니체의 말은 이 맥락에서 직접 인용할 만한 가치가 있다. "소크라테스는 죽기 원했다: - 아테네가 아닌 자신이 스스로에게 독배를 주었으며, 그가 아테네로 하여금 자신에게 독배를 주게 강요했다."(『우상의 황혼』) "그 병은 어디에서 고대에 가장 아름답게 자라난 존재 플라톤에게 옮겨 왔는가? 사악한 소크라테스가 그마저도 타락시켰던 것일까? 소크라테스야말로 청년들을 타락시킨 자가 아닐까? 그 스스로 독배를 받을 만했던 것은 아닐까?"(『선악의 저편』)

소크라테스 그렇다면, 젊은이들을 완전히 망치고 더 사악하게 만든다는 이유에서 나를 여기 법정으로 데려올 때 자네는 내가 **자발적으로(hekōn)** 그런다는 건가 아니면 **비자발적으로(akōn)** 그런다는 건가?

멜레토스 저야 자발적으로 그렇게 하신다는 거죠.

소크라테스 무슨 말을 하는 건가, 멜레토스? 그 나이의 자네가 이 나이의 나보다 놀랍도록 훨씬 지혜로워서, 나쁜 사람들이 항상 자기들과 가장 이웃한 사람들에게 나쁜 짓을 행하고, 좋은 사람들은 좋은 일을 한다는 걸 자네는 알고 있고, 반면에 함께 있는 사람들 가운데서 누군가를 무도하게 만들면 그에게서 뭔가 나쁜 일을 당할 위험에 처하게 되리라는 것을 모를 정도로 내가 무지한 상태에 이르렀다는 거고, 그래서 자네 말마따나 이렇게나 나쁜 일을 내가 자발적으로 행하고 있다는 건가?

(25d6–e5)(역자 강조)

소크라테스는 자신이 자발적으로 청년을 완전히 망쳤다는 멜레토스의 주장이 비합리적이라고 항변한다. 왜냐하면 누구라도 해를 입기를 원하지 않기 때문이란 것이다. 만일 자기 주변의 사람들을 타락시켜서 그 결과 그들이 못된 시민들이 된다면, 그들을 타락시킨 자는 그 타락한 자의 주변 사람들에 의해 해를 입을 위험에 노출되고 말 것이다. 도대체 어느 누가 해를 입기를 바라겠는가? 바로 이런 까닭에 아무도 고의로 자기 자신에게 나쁜 어떤 것, 즉 어떤 불리한 행위를 감행하지 않을 것이라는 말이다. 사실이 이런데도 동료 시민을 일부러 타락시키는 자가 있다면 그의 행위는 그야말로 어리석음의 극치일 것이다.

정의로운 복수든 불의한 복수든 복수에 대한 성찰을 통해 복수 그 자체의 비도덕성을 통찰했던 최초의 도덕 철학자는 소크라테스이다. 그는 누군가가 당신에게 불쾌한 행위를 했다고 해서, 그것 때문에 당신이 그에게 똑같이 불쾌한 행위를 하거나 다른 어떤 불쾌한 행동을 하는 것이 도덕적으로 결코 정당화되는 것이 아니라고 일관되게 주장했을 뿐만 아니라 그 자신이 몸소 그렇게 살다 간 도덕 사상가였기 때문이다. 그는 고대 그리스의 전통적 정의관인 '탈리오의 정의'가 기만적 언행이자 미망迷妄이라는 것을 꿰뚫어 봤던 것이다.

나쁜 일을 행하는 것은 결코 좋지 않다. 우리 삶이 다른 사람들에게 불의한 행위를 함으로써 영위되는 것이라면 우리는 결코 행복하지 못할 것이다. 왜냐하면 우리가 하는 어떤 행동이 다른 사람에게 나쁜 일을 행하는 것이라면, 그것은 행위자인 우리 자신에게 나쁠 뿐 아니라 피해 당사자에게도 나쁘고, 그 비도덕적인 나쁜 행위에서 기인하는 어떤 다른 좋은 것도 우리가 저지른 악한 행위를 보상할 수도 없기 때문이다. 따라서 만일 우리가 가치 있는 것이라고 간주하는 것들 때문에 불의한 행동에 나서야 한다면, 불의한 행동이 나쁜 것이라는 자명한 진리가 우리가 그런 행위를 하지 말아야 할 최종적인 심급인 것이다.

III. 소크라테스의 죽음관

i. 비난받을 무지

멜레토스에 대한 신문을 마친 후, 소크라테스는 왜 위험을 자초하고 있느냐는 가상의 반격에 직면한다. 이에 대해 그는 아킬레우스의 경우나 세 차례에 걸친 자신의 참전에서 드러났듯이, 철학을 실천하고 자신과 남에게 질문하며 살아야 한다는 신적 사명에 복종해야 한다고 대답한다. 왜냐하면 쓸모 있는 사람은 죽음과 위험이 아니라 행위의 올바름만을 고려해야 하기 때문이라는 것이다(『변론』 28b6–c1). 그렇다면 왜 죽음을 두려워해서는 안 되는가?

> 여러분, 실로 죽음을 두려워한다는 것은 지혜롭지 않은데 지혜롭다고 생각하는 것 이외의 다른 어떤 것도 아닙니다. 그건 알지 못하는 것을 안다고 생각하는 것이니까요. 아무도 죽음을 모르는데, 그것이 인간들에게 생길

수 있는 모든 좋은 것들 가운데 최선인지도 알지 못하면서, 나쁜 것들 중 최악이라고 자신들이 잘 아는 것처럼 두려워하니까요. 그러니 어떻게 이것이 알지 못하는 것을 안다고 생각하는 것, 즉 그 비난받을 만한 무지가 아닐 수 있겠습니까?

(29a5-b2)

소크라테스가 신탁에 대해 아포리아에 빠졌듯이, 하데스의 일들에 대한 충분한(hikanōs, 29b5) 지식이 없기 때문에 우리에게는 죽음에 대한 전문 지식이 없고 그래서 그것은 아포리아(난제)가 아닐 수 없다. 대부분의 사람들에게 죽음은 단순히 이런저런 종류의 악이 아니라 모든 악 중에서 최고 악이다. 그러므로 죽음을 두려워한다는 것은 죽음이 최고 악이라는 것을 안다는 진술을 함축하고 있는 것이다. 그런데 사실상 죽음은 최고 선일지도 모르고 그것이 무엇인지 모르면서 알고 있는 것처럼 그것을 최고 악으로 판단하는 일은 그야말로 '비난받을 만한 무지'라는 것이다. 결국 우리는 죽음을 두려워할 이유가 없고, 그것이 최고 선일 수 있다는 데에도 동의해야 한다.

아무튼 그것이 무엇이든 간에 죽음은 두 번째로 중요하다. 왜냐하면 올바르지 못한 행위에 대한 경계가 최우선이기 때문이다. 그러면서 그는 철학을 포기한다는 조건으로 무죄 방면을 시켜 주겠다는 반反사실적 질문을 구성하여 이 같은 자신의 확고한 신념을 다음과 같이 피력한다.

> "아테네 사람들이여, 저는 여러분을 진심으로 환영하고 사랑하지만, 여러분보다는 오히려 신께 복종할 겁니다. 그래서 제가 숨을 쉬고 있다고 할 수 있는 한, 지혜를 사랑하고 여러분에게 충고하고 제가 늘 여러분 가운데 누구를 만나든 그에게 알려주는 일을 멈추지 않을 겁니다. 제가 늘 하던 대로 이렇게 이야기하면서 말이죠. '가장 좋은 사람들 가운데 지혜와 힘에서 가장 크고 명성이 가장 높은 도시-국가인 아테네 사람이면서, 돈이 당신에게 가능한 최대한으로 많아지게 하는 일과 명성이나 명예는 돌보면서도, 분별력과 진실 그리고 영혼이 최대한 고귀해지도록 하는 일은 돌보지도 않고 관심도 갖지 않는 것이 부끄럽지 않나요?'
>
> (29d2-e3)

소크라테스는 철학 포기 조건부 석방을 단호하게 거절하면서 신의 명령이 국가의 명령보다 우위에 있다는 점을 강조한다. 영혼이 최선의 상태가 되도록 질문하고(eromai), 조사하고(exetazō), 논박하는(elenchō) 일을 통해 신에 대한 봉사를 실천하는 그에게 죽음은 고려 대상이 아니다(29d8-30a3).

ii. 신적인 목소리

그에게 제기된 다음 가상 질문은 개인적인 조언과 참견에는 분주하면서 나라에 대한 공적 조언에는 왜 앞장서지 않았느냐는 것이다. 전형적인 페리클레스적 아테네인들의 시민성은 적극적인 정치 참여를 통한 자기완성에 있기 때문에, 정치에 불참하는 소크라테스의 시민성에 대해 의혹이 이는 것은 어떤 면에서는 당연하다고 할 수 있다.

> 제게 어떤 신적인 것과 신령한 것이 생겨난다는 겁니다. 멜레토스가 고발장에 써서 희화화한 것이 이것이죠. 제겐 이 현상이 어린 시절부터 시작됐습니다. 일종의 목소리가 생겨나는데, 그것이 생길 때마다 제가 막 하려는 일을 항상 못하게 말리긴 해도 한 번도 하라고 부추긴 적은 없었습니다. 그런데 바로 이 목소리가 제가 정치적인 일들을 하는 것에 반대했습니다. 적어도 제 생각에 이 반대는 전적으로 좋은 것이기도 합니다.
>
> (31c8-d6)

우리는 소크라테스의 정치 불참이 그에게 소싯적부터 있어 온

신적인 소리라는 그만의 독특한 종교 체험에서 유래됐음을 알게 된다. 델포이의 신탁이 공개적인 신의 계시였다면, 여기서 소크라테스가 전하는 신적인 소리는 그의 내밀한 사적인 신탁이다. 아테네의 현실 정치에 대한 참여와 관련하여 신적인 반대의 소리가 없었고 그래서 그가 정치에 참여했다면, 그는 자신이 오래전에 저세상 사람이 됐을 것이라고 에둘러 말하면서 정치에 대한 강한 불신을 토로한다. 이런 정황에 비춰 볼 때, 그의 정치 불참은 결과적으로 자신과 아테네 모두에게 잘된 일이고, 이 점에서 신적인 소리가 옳았다는 것이다.

그렇다고 해도 그는 자신이 죽음이 두려워 올바른 것을 외면하며 굴종적인 삶을 사는 일은 결단코 없을 것이라면서 이를 증명하려는 듯이 몇 가지 정치 경험 이력을 공개한다. 근소한 표 차이로 유죄 판결이 내려진 것을 염두에 둘 때, 그가 협의회 의원으로서 의제 상정을 거부한 일이나 살라미스의 레온 체포 명령 불이행 사건, 세 차례의 참전에 대한 언급이 그의 비정치적 성향을 어느 정도는 불식시켰던 것 같다.

총투표 결과 30표 차로 유죄 판결을 받은 소크라테스에게 급기야 사형까지 선고된다. 그는 자신의 무죄 방면에 표를 던졌던 우호적인 220명과 이야기를 나누자고(diamythogēsai, 39e5) 제안하면서 비로소 그들을 "재판관 여러분!(ō andres dikastai, 40a3)"이라고 호칭한다. 그러면서 그는 죽음이 좋은 이유에 대해 그들에게 친절한 설명까지 제공하고 있다.

> 제게는 어떤 놀라운 일이 일어났으니까요. 제게 일상이 된 신령한 것의 예언이 이전에 모든 시간 동안 늘 아주 한결같았고, 게다가 제가 어떤 올바르지 않은 일을 하려고 할 때면, 아주 작은 일들에 대해서도 반대를 했습니다. 그런데 여러분 자신도 보고 계시듯이, 누군가가 나쁜 것들 가운데서 가장 나쁜 것이라고 생각하고, 적어도 보통 그렇게 여겨지는 바로 그런 일들이 지금 제게 일어났습니다. 그런데 신의 신호는 아침 일찍 집을 나설 때도, 여기 재판정에 올라설 때도, 연설 중에 뭔가를 막 말하려 하는 그 어느 대목에서도 저에게 반대하지 않았습니다. 하지만 다른 논변들에서는 사실상 말하는 중간에 자주 저를 제지했습니다. 그런데 이번의 이 일과 관련해서는 제가 행동을 하든 말을 하든 그 어느 지점에서도 제게 반대하지 않더군요. 그러면 제가 그 이유를 무엇이라고 추측할까요? 제가 여러분께 말씀드리겠습니다. 제게 일어난 이 일은 좋은 것일지 모르고, 게다가 죽음이 나쁜 것이라고 생각한다면 우리는 올바르게 추측하고 있는 것일 수가 없습니다. 제게 이것에 대한 큰 증거가 생겨났습니다. 제가 막 하려는 일이 뭔가 좋은 것이 아

니었다면, 일상적인 신호가 제게 반대하지 않았을 리가 없으니까요.

(40a4–c4)

통상적인 대중의 신념과 달리, 소크라테스는 자신의 죽음이 좋은 것이라는 "큰 증거"(40c1)로서 앞서 언급했던 영적 소리의 부재, 즉 영적인 것의 침묵에 대해 자세히 설명한다. 한때 그의 정치 참여 고사를 추동했던 신적인 소리가 이번에는 침묵을 통해 죽음의 좋음을 방증했기 때문이다. 나중에 밝혀지겠지만, 죽음이 좋은 또 다른 현실적인 이유는 그를 골칫거리들로부터 해방시켜 줄 것이기 때문이다(41d3–5). 영혼의 운명에 관한 지혜의 결핍에도 불구하고, 그는 신적인 소리의 부재라는 개인적인 증거를 기반으로 죽음이 누구에게도 악이 아니라는 일반 논증을 확립하는 데로 나아간다(40c–41d). 죽음이 소멸이든 이주든 간에 소크라테스에게 일어난 놀라운 일, 즉 영적인 것의 침묵에 의해 우리는 좋은 운명을 기대할 근거를 갖게 된 것이다.

iii. 불가지론 vs. 낙관론

소크라테스의 큰 증거는 사적으로 내밀한 신탁인 영적인 것에 의혹을 품고 있던 배심원들에게는 별다른 위안이 되지 못했을지 모른다. 이 때문에 그는 영적인 것의 침묵에 대한 자신의 개인적인 해석을 독립적이고 타당한 논증으로 입증해야 했던 것 같다. 이제 그는 죽음이 좋은 것이라는 "많은 희망(pollē elpis, 40c4, 41c8)"을 형식적으로 타당한 단순 구성적 딜레마[12] 논증을 통해 증명하고 있다.

> 죽음은 둘 중 하나니까요. 그것은 아무것도 아닌 것과 같아서 죽은 사람은 어떤 것에 대해서도 아무런 감각을 갖고 있지 않거나, 아니면 우리가 들은 대로 뜻밖에 닥치는 어떤 변화 및 이곳 장소로부터 다른 장소로의 영혼의 이주이거나 아무튼 둘 중 하나입니다.
>
> (40c6–10)

한편으로 죽는 것은 아무것도 아닌 것의 상태이고 감각이 전혀 없고 아무런 꿈도 꾸지 않는 수면 상태와 같다. 다른 한편으로 전해 오는 바에 따라 죽음은 이곳에서 또 다른 장소로의 영혼의 이주이다. 만일 전자라면, 죽음은 "놀라운 이득(thaumasion kerdos, 40d2)"일 것인데, 완벽하게 방해받지 않은 하룻밤보다 영원한 시간

12 A는 "죽음은 아무 꿈도 꾸지 않는 수면 상태", B는 "죽음은 영혼의 이주", P는 "죽음은 이득이다"를 나타내는데, 이 논증은 다음과 같이 형식화될 수 있다. (1) A이면, P이다. (2) B이면, P이다. (3) A이거나 B이다. (4) 그러므로 P이다. 이에 대한 반론과 재반박은 「『변론』에서 소크라테스의 죽음관에 대한 새로운 조명」(『철학연구』, 2014)을 참고할 것.

이라고 해서 전혀 더 길 것 같지 않기 때문이라고 말해진다. 또한 죽음이 영혼의 이주라면, 그것 또한 큰 이득인데, 왜냐하면 그것은 과거의 뛰어난 사람들을 하데스에서 만날 기회를 가져오기 때문이다. 전해 오는 말이 진실이라면, 하데스에서도 그곳 사람들과 죽음 걱정 없이 그들 중 누가 현명한지 또는 현명하다고 믿고 있을 뿐 실제로는 그렇지 않은지에 대해 자신의 철학적 사명을 수행하는 일은 그에게 "말로 다 할 수 없는 행복(amēchanon eudaimonias, 41c4)"이 될 것이다. 이런 정도로 소크라테스에게 죽음은 나쁜 것이 아니라 오히려 좋은 것이라는 확신은 분명한 것 같고, 우리 역시 죽음에 대해 희망차야 하는 이유도 바로 이것이다.

ⅳ. 조건적 불가지론

이미 잘 알려져 있는 소크라테스의 인식론적 겸손과 맥을 같이 하는 죽음에 대한 그의 무지 논변과 『변론』의 최후 진술의 끝자락 인사말(42a2-5)에 주목한다면, 소크라테스의 죽음관은 단적인 불가지론이라는 성급한 결론으로 향하게 된다. 그러나 다른 한편으로 신탁 검증 활동 직전에 그는 '신은 거짓말을 하지 않는다'는 종교적 신념을 공언한 바 있다(21b4-8). 이뿐만 아니라 신의 존재를 부정하지 않고 오히려 신들에 대한 전통적인 이야기를 비판했던 그의 종교 개혁의 기본 신조에는 신들의 전선全善과 인간에 대한 신들의 박애(41d1-2)가 포함되어 있다.

또한 그는 소소한 일상사에서도 신적인 소리를 청종하고, 국가의 명령보다 신의 명령의 우위를 들어 그것에 복종했으며, 정치 불참 사건을 통해 신의 소리의 올바름도 이미 아테네 시민들에게 입증한 바 있다. 나아가 영적인 소리의 부재에서 연원하는 '죽음 좋음 논증' 또한 '큰 증거'(40c1), '많은 희망'(40c4) 그리고 '희망'(41c8)으로 이어진다. 그러므로 죽음에 관한 소크라테스의 최종적인 견해는 철학적인 회의주의적 선언만이 뒷받침하는 단적인 불가지론이 아니라 소크라테스의 종교적 경건이 결합된 '조건적 불가지론(a qualified agnosticism)'으로 수정돼야 할 것 같다.

이제 그렇다면 '조건적 불가지론'에서 '조건적'이 품고 있는 죽음에 대한 소크라테스의 낙관주의의 원천은 무엇일까? 그것은 내세에 대한 종교적인 희망인가 아니면 인간 삶에 대한 윤리적인 확신인가? 앞서 살펴본 바와 같이, 만약 '철학함(philosophein)'이라는 "말로 다 할 수 없는 행복"이 충족되기만 한다면, 죽음의 그럼직한 두 대안 중 영혼의 이주로서의 죽음이 소크라테스의 견해로 유력한 것처럼 보인다. 이처럼 소크라테스는 영혼 불멸의 가능성에 대해 부정도 긍정도 하지 않는 대단히 유보적인 태도를 보이고 있다. 그는 영혼 불멸을 다만 희망할 뿐이다. 그리고 이 희망의 근거는 소크라테스적 종교의 근본 신조에서 찾아질 수 있다. 이를 통해 우리도 호메로스가 그리는 하데스에서의 극심한 고통이 아니라 엘뤼시온 들판의 가장 편안한 곳을 희망할 수 있는 것이다.

따라서 소크라테스적 종교와 관련된 논의가 빠진 윤리적 낙관주의는 '조건적' 희망의 반쪽 진리라고 말해질 수 있을 것이다.

소크라테스 철학의 알파와 오메가는 신적 권위이다. 아테네에서 그가 유명세를 톡톡히 치른 것도 델포이의 신탁이 발단이었고, 자신의 정해진 운명인 죽음 앞에서조차 끝내 인간적인 지혜의 불완전성을 토로할 정도로 그의 철학은 시종일관 종교적 경건으로 무장하고 있다. 어디 이뿐인가. 형식 논리의 형태를 띤 죽음 논증에서도 그는 질문하고, 조사하고, 논박하는 철학함이 담보되기만 한다면, 몇 차례의 죽음도 불사하겠다며 신이 자신에게 부여한 거룩한 사역을 끝끝내 포기하지도 않는다. 물론 이것은 어디까지나 그의 종교적 신념에서 유래하는 희망 사항이다. 그러므로 그는 결국 우리의 관심을 우리가 확신할 수 있는 것이 중요하다는 논점으로 전환시키고 있다. 그것은 엘뤼시온에서가 아니라 지금 여기에서 영혼을 돌보고 보살피라는 소크라테스의 촉구이다.[13]

13 사람들은 지상에 정의가 없다고들 한다. 하늘에도 정의는 없다. 그럼에도 고대 그리스인들의 경구처럼, 있는 걸 잘 활용할 일이다. 존재하는 것에서 빼버릴 것은 하나도 없으며, 없어도 되는 것은 없으니까.

플라톤 연보

BCE 431–404	펠로폰네소스 전쟁
BCE 427	출생
BCE 399	소크라테스의 죽음
BCE 387	시켈리아 첫 번째 방문, 피타고라스학파 철학자들과 교류, 아테네로 돌아와 아카데메이아 설립
BCE 384	아리스토텔레스 출생
BCE 367	아카데메이아에 아리스토텔레스 합류
BCE 367–365	시켈리아 두 번째 방문, 시라쿠사이 정치에 관여
BCE 361	시켈리아 세 번째 방문
BCE 347	사망

플라톤(Platōn, BCE 427–347)
플라톤은 펠로폰네소스 전쟁(BCE 431~404)에서 패망한 아테네에서 태어났고, 그해에 전염병으로 페리클레스(Perikles)가 죽는다. 아버지 아리스톤(Aristōn)은 그가 어릴 때 죽었고, 어머니 페릭티오네(Periktionē)는 페리클레스의 친구 피릴람페스(Pyrilampēs)와 재혼한다. 399년 소크라테스가 죽자, 플라톤은 메가라(Megara) 등지로 편력한다. 40세쯤 시켈리아(현 시칠리아 섬)의 시라쿠사이를 방문하여 참주 디오뉘시우스(Dionysius) 1세의 처남 디온(Diōn)과 교분을 쌓았고, 387년쯤 아카데메이아를 설립한다. 367년 아리스토텔레스가 아카데메이아의 명성을 듣고 유학을 온다. 시켈리아를 두 차례(367~365, 361) 더 방문한다. 플라톤의 저술은 40세까지를 '초기 대화편('소크라테스적 대화편')', 독자적인 철학을 전개한 387년에서 367년까지를 '중기 대화편', 그리고 80세로 생을 마감하기까지를 '후기 대화편'으로 분류한다. 주요 작품은 『고르기아스』, 『프로타고라스』, 『향연』, 『국가』, 『파르메니데스』, 『테아이테토스』, 『티마이오스』, 『법률』 등이 있다.

옮긴이 **조흥만**
현 전북대학교 철학과 강사, 충남대학교 인문과학연구소 객원 연구원. 연세대학교 신학과를 졸업하고 동(同)대학원 철학과에서 박사를 수료한 후, 전북대학교 철학과 대학원에서 플라톤 『향연』 연구로 박사학위를 받았다. 저서로는 『철학영화제』(2019), 『사고와 토론』(2015, 공저), 『철학의 이해』(2015, 공저), 『인문고전읽기』(2014, 공저)가 있고, 역서로는 『플라톤과 소크라테스적 대화』(2015, 공역), 『중세철학』(2007)이 있다. 주요 논문으로는 「고대 그리스에서 정치적 에로스 담론」(2017), 「소크라테스의 교수법에 나타난 교육 개혁」(2017), 「『변론』에서 소크라테스의 죽음관에 대한 새로운 조명」(2014), 「플라톤 파우사니아스의 궤변술을 통해 본 에로스와 노모스」(2012) 등이 있다. 제2회 한국동서철학회 인산학술상과 제13회 대한철학회 학술상을 수상했다.

달섬 세계고전 19

플라톤: 소크라테스의 변론/크리톤

지은이 플라톤
옮긴이 조흥만
펴낸이 김동원
펴낸곳 달섬

초판 1쇄 인쇄 2020. 9. 24.
초판 1쇄 발행 2020. 9. 30.

달섬 전라북도 전주시 완산구 어진길 32 (풍남동2가)
전화 (063) 219-5319~5322
FAX (063) 219-5323
출판등록 2012년 8월 20일 제465-2012-000021호

값 8,000원

ISBN 979-11-6372-101-7　04160
ISBN 979-11-6372-001-0(세트)　04080

이 도서의 국립중앙도서관 출판예정도서목록(CIP)은 서지정보유통지원시스템 홈페이지(http://seoji.nl.go.kr)와 국가자료종합목록 구축시스템(http://kolis-net.nl.go.kr)에서 이용하실 수 있습니다. (CIP제어번호 : CIP2020040255)

'달섬'은 전북대학교출판문화원의 임프린트입니다.